Fortgeschrittene

Pragmatische Psychologie

SUSANNA MITTERMAIER

GARY M. DOUGLAS

Originaltitel:
Advanced Pragmatic Psychology

Fortgeschrittene Pragmatische Psychologie
Copyright © 2022 Gary Douglas & Susanna Mittermaier
ISBN: 978-1-63493-554-8
Access Consciousness Publishing

Aus dem amerikanischen Englisch übersetzt von Ute Schulz

Fortgeschrittene Pragmatische Psychologie

Ein Leben auf dem Planeten Erde ohne Trauma, Drama, Ärger oder Intrigen

GARY M. DOUGLAS

SUSANNA MITTERMAIER

ACCESS CONSCIOUSNESS PUBLISHING

INHALTSVERZEICHNIS

EINLEITUNG

Dieses Buch basiert auf einem Kurs, den Gary Douglas und Susanna Mittermaier gehalten haben.

Ihr Studium der Psychologie absolvierte Susanna an der Universität Lund in Schweden. Zunächst arbeitete sie in der Kinderonkologie und später in der psychischen Gesundheitsfürsorge, wo sie auf Patienten mit zahlreichen unterschiedlichen Diagnosen traf. Sie war auch in den Bereichen Psychotherapie und neuropsychologische Testung sowie als Betriebspsychologin tätig. Schon zu Beginn ihrer beruflichen Laufbahn begann sie nach etwas zu suchen, das noch besser funktionieren würde als traditionelle Psychologie. So kam sie in Kontakt mit Access Consciousness, einer weltweiten Bewegung mit pragmatischen Werkzeugen, die jeden Tag das Leben tausender Menschen verändern.

Susanna lernte Gary Douglas kennen, den Gründer von Access Consciousness, und nach zahlreichen Gesprächen darüber, was mit Psychologie sonst noch möglich sein könnte, begründete sie die Pragmatische Psychologie.

Gary und Susanna möchten dich einladen, das, von dem du entschieden hast, dass es falsch an dir ist, in die Stärke umzuwandeln, die du sein kannst.

Was können wir finden, was können wir wissen,
das wir umsetzen können, so dass die Welt
zu einem Ort wird, der besser funktioniert?

DAS CLEARING STATEMENT
VON ACCESS CONSCIOUSNESS®

*Du bist die einzige Person, die die Ansichten
lösen kann, die dich gefangen halten.*

*Das Clearing Statement (oder der Löschungssatz) ist
ein Werkzeug, das du verwenden kannst, um die Energie
der Ansichten zu verändern, die dich in unveränderlichen
Situationen haben erstarren lassen.*

In diesem Buch stellen wir sehr viele Fragen. Einige dieser Fragen werden dich vielleicht ein wenig verwirren. Das ist genau unsere Absicht. Die Fragen, die wir stellen, sind so konzipiert, dass dein Verstand aus seinem normalen Modus herausgeholt wird, damit du zur *Energie* einer Situation vordringen kannst.

Sobald die Frage dich verwirrt und die Energie der Situation hochgebracht hat, fragen wir dich, ob du bereit bist, diese Energie zu zerstören und zu unkreieren – denn blockierte Energie ist die Ursache für Barrieren und Begrenzungen. Das Zerstören und Unkreieren dieser Energie öffnet dir die Tür zu neuen Möglichkeiten.

Das ist deine Gelegenheit zu sagen: „Ja, ich bin bereit, alles loszulassen, was diese Begrenzung an Ort und Stelle hält."

Nach dieser Gelegenheit folgen ein paar seltsame Worte, die wir das Clearing Statement nennen:

Right and wrong, good and bad, POD and POC, all 9, shorts, boys and beyonds®.

Mit dem Clearing Statement gehen wir zurück zu der Energie der Begrenzungen und Barrieren, die kreiert worden sind. Wir schauen uns die Energien an, die uns davon abhalten, voranzukommen und uns in all die Räume auszudehnen, in die wir gerne gehen würden. Das Clearing Statement spricht die Energien an, die die Begrenzungen und alles Zusammengezogene in unserem Leben kreieren.

Je öfter du das Clearing Statement laufen lässt, desto tiefer geht es und desto mehr Schichten und Ebenen kann es für dich entsperren. Wenn sich als Reaktion auf eine Frage viel Energie für dich zeigt, solltest du das Clearing wiederholt laufen lassen, bis das Thema, um das es geht, kein Problem mehr für dich darstellt.

Da es um Energie geht, brauchst du die Worte des Clearing Statements nicht zu verstehen, damit es funktioniert. Wenn du jedoch gerne wissen möchtest, was die Worte bedeuten, haben wir hier eine kurze Definition:

Right and wrong, good and bad (Richtig und falsch, gut und schlecht) steht für „Was ist richtig, gut, perfekt und korrekt hieran? Was ist falsch, gemein, bösartig, schrecklich, schlecht und fürchterlich hieran?" Die Kurzversion dieser Fragen lautet: „Was ist richtig und falsch, gut und schlecht?" Es sind die Dinge, die wir als richtig, gut, perfekt bzw. korrekt erachten, die uns am meisten lähmen. Wir haben entschieden, dass wir sie richtig verstanden haben, und möchten sie deshalb nicht loslassen.

POD (**P**oint **o**f **D**estruction – Punkt der Zerstörung) bezieht sich auf jede Art und Weise, wie du dich selbst zerstört hast, um das, was du klärst, in der Existenz zu halten.

POC (**P**oint **o**f **C**reation – Punkt der Kreation) bezieht sich auf alle Gedanken, Gefühle und Emotionen unmittelbar vor deiner Entscheidung, die Energie einzuschließen.

Wenn du etwas PODest und POCst, ist es so, als würdest du die unterste Karte aus einem Kartenhaus ziehen. Das ganze Ding fällt (in sich) zusammen. Einige Menschen sagen statt des gesamten Clearing Statements nur „POD und POC".

All 9 steht für die neun unterschiedlichen Arten, wie du dieses Thema als Begrenzung in deinem Leben kreiert hast. Es sind die Schichten aus Gedanken, Gefühlen, Emotionen und Ansichten, die die Begrenzung als solide und real kreieren.

Shorts ist eine Kurzform für eine viel längere Reihe von Fragen, unter anderem: „Was ist bedeutend daran? Was ist unbedeutend daran? Was ist die Bestrafung dafür? Was ist die Belohnung dafür?"

Boys steht für energetische Strukturen, die wir geschlossene Sphären nennen. Hier geht es um Bereiche unseres Lebens, in denen wir ohne jeglichen Erfolg versucht haben, etwas in den Griff zu bekommen. Es gibt mindestens 13 unterschiedliche Arten dieser Sphären, die zusammenfassend als „the boys" bezeichnet werden. Eine geschlossene Sphäre sieht aus wie Seifenblasen, die entstehen, wenn du in eine Seifenblasenpfeife mit mehreren Kammern bläst. Daraus entstehen unzählige Bläschen, und wenn du eine Blase zum Platzen bringst, nehmen die übrigen Blasen ihren Platz ein.

Wenn du zum Kern einer Sache vordringen möchtest, hast du jemals versucht, sie wie eine Zwiebel zu schälen, bist aber nicht zum Kern vorgestoßen? Das lag daran, dass es keine Zwiebel war: es war eine geschlossene Sphäre.

Beyonds sind Gefühle oder Empfindungen, die dein Herz und deine Bereitschaft, dir Möglichkeiten anzuschauen, zum Stillstand bringen. Beyonds passieren, wenn du unter Schock stehst. Wir haben in unserem Leben viele Bereiche, in denen wir erstarren. Jedes Mal, wenn du erstarrst, bist du in den Fängen eines Beyonds. Das ist das Schwierige mit einem Beyond: Es hält dich davon ab, präsent zu sein. Beyonds umfassen alles, das jenseits der Glaubenssätze, Realität, Vorstellungskraft, Auffassung, Wahrnehmung, Rationalisierung und des Vergebens ist. Es gibt noch viele andere Beyonds. Sie sind normalerweise Gefühle und Empfindungen – sehr selten Emotionen und niemals Gedanken.

Du kannst wählen, ob du das Clearing Statement verwenden möchtest oder nicht. Wir haben keine Ansicht darüber, aber wir laden dich ein, es auszuprobieren und zu sehen, was passiert.

1

WAS IST PRAGMATISCHE PSYCHOLOGIE?

In der Vergangenheit war Psychologie das Studium des Wissens. Daraus wurde das Studium des Verhaltens, dessen, was geistig gesund und krank ist, gut oder schlecht, richtig oder falsch.

In der Pragmatischen Psychologie geht es darum, das zu tun, was funktioniert, und dich zu ermächtigen, das zu wählen, was das Leben und den Planeten kreiert, die du dir wünschst. Pragmatische Psychologie ist nicht dramatisch und schaut nicht darauf, was nicht funktioniert und warum; sie lädt dich ein, das Licht anzuschalten, damit du sehen kannst, was *ist*, und herausfinden kannst, welche Wahlen du hast, um die Zukunft zu kreieren, die du gerne möchtest. Es geht darum, sich die Dinge in der Welt so anzuschauen, wie sie wirklich sind, und sie aus einer anderen Perspektive zu betrachten. Es geht darum, mit allem in Kommunikation zu sein und dem zu vertrauen, was du weißt und wessen du dir gewahr bist. Es geht auch darum zu wissen, wie man Fragen stellt, und zu wählen, das zu tun, was funktioniert. Wenn du all dies tust, wirst du sehen, wie du für dich selbst und den Planeten eine andere Zukunft kreieren kannst.

Der Zustand unseres Planeten bereitet uns allen Sorge. In Santa Barbara, wo Gary mehr als vierzig Jahre lang gelebt hat, sterben die alten Eichen und die Pflanzen in den Bergen. Das Land wird zusehends öder. In Teilen sieht es wie der Havasu-See in Arizona aus, ein öder Ort ohne Schatten, wo alles nur bis maximal Kniehöhe wächst. Es sieht aus wie im nuklearen Winter. Genau das wiederholt sich gerade in Kalifornien. In den ganzen vierzig Jahren hat Gary Santa Barbara nie in dem Zustand gesehen, in dem es heute ist.

Laut NASA reicht das unterirdische Wasservorkommen in Kalifornien noch für ungefähr ein Jahr. Es gibt dort viel Land und viele Menschen. Wie soll das in Zukunft funktionieren? Das Wasser geht ihnen aus, aber wir haben in Santa Barbara vier Neubauprojekte gesehen, von denen jedes mindestens vierzig Häuser umfasste. Das ist doch verrückt!

In der Geschichte finden wir viele Beispiele für diese Art des Wahnsinns, immer dann, wenn wir uns die Dinge in der Welt, wie sie sind, und ihre Auswirkungen auf die Zukunft nicht angeschaut haben. Als die Römer vor Tausenden von Jahren nach Marokko und Nordafrika zogen, gab es dort eine Fülle von Wasser. Die Berge waren von Wäldern bedeckt. Die Römer begannen das Wasser aus den Bergen an die Küste umzuleiten, wo sie ihre Städte gebaut hatten, und so verschwanden mit der Zeit die Wälder. In diesem Teil der

Welt gibt es jetzt keine Wälder mehr. Dort ist seit Tausenden von Jahren eine Wüste.

Was kreieren wir durch die Wahlen, die wir treffen?

Wir müssen fragen: „Was kreieren wir durch die Wahlen, die wir treffen?" Wir müssen das fragen, weil es uns ein Gespür für die Zukunft gibt, die wir gerade kreieren. Wenn wir einer Ansicht einfach nur zustimmen und mit ihr übereinstimmen, ohne uns anzuschauen, was sie kreiert, beginnen wir, diese Ansicht als unsere Realität zu akzeptieren. Wir kreieren diese Realität innerhalb des Mikrokosmos unseres persönlichen Lebens und des Makrokosmos des Planeten.

Die Kriege im Nahen Osten sind ein Beispiel für Angleichung und Zustimmung zu einer Ansicht, ohne zu schauen, was das kreiert. Angleichung und Zustimmung in Sachen Gewalt kreieren genau diese Gewalt als Realität. Israelis und Palästinenser bekämpfen einander mit kurzen Unterbrechungen seit über hundert Jahren. Sie kämpfen schon so lange, dass die Menschen nicht einmal mehr wissen, warum sie kämpfen. Es heißt einfach „Wir können diese Typen nicht leiden", und so greifen sie einander an und setzen die Gewalt fort, der sie zugestimmt und nach der sie sich ausgerichtet haben. Es ist keine einzige Frage im Spiel und die Menschen sind nicht bereit, die Zukunft zu sehen, die sie kreieren.

Pragmatisch mit dem umgehen, was vor sich geht

Die meisten von uns machen in ihrem eigenen Leben etwas Vergleichbares. Dieselben Themen, dieselben Konflikte, dieselben Probleme kommen immer wieder hoch, und sie halten uns davon ab, das zu kreieren, was wir uns wirklich in unserem Leben wünschen. Wir kreieren allerlei Trauma und Drama, Ärger und Intrigen, und wir machen die Übereinkünfte dieser Realität lebensnotwendiger und realer als unser Wissen darum, dass es auch anders geht. Wir gehen nie pragmatisch mit dem um, was vor sich geht. Wir schauen uns nicht an, *was tatsächlich funktioniert* oder *was tatsächlich das kreieren wird, was wir uns wünschen.* Wir mühen uns fortgesetzt mit denselben alten Hüten ab und sind nie in der Lage, das Leben zu kreieren, das wir wollen. Wir werden von dieser Realität abgestumpft.

Abstumpfen bedeutet reglos und unverändert, und es hat eine verführerische Art, sich in unser Leben zu schleichen. Abstumpfen scheint für Menschen, die keine Veränderung möchten, bequem und attraktiv. Diese Menschen sind damit zufrieden zu versuchen, sich selbst in eine Schublade zu stecken, und so stumpfen sie sich selbst ab, indem sie Ansichten annehmen.

Sie sagen: „Hier ist mein Platz in der Welt. Hier gehöre ich hin. Das hier ist meine Nische." Sie sehen nicht die Möglichkeiten, die ihnen offenstehen. Sie schwingen einfach nur innerhalb des kleinstmöglichen Radius hin und her, ohne je eine Frage zu stellen oder etwas anderes zu tun. Sie glauben, ihre kleine, abgestumpfte Realität *sei* die Realität. Aber das ist *nicht* die Realität. Es ist nur eine *Ansicht*. Sie stumpfen Ausdehnung ab, damit sie ihren Platz nicht verlieren, aber damit kreieren sie diese Realität als Einheitsbrei – langsam und abgestumpft.

Diese Realität verändern

Glücklicherweise gibt es auf dem Planeten Erde einige Wesen, die andere Möglichkeiten suchen und ersinnen. Sie sind mit der aktuellen Situation unzufrieden und kreieren Veränderung. Wir nennen sie *Humanoide*. Humanoide sind bereit, anders zu sein. Ihr Ziel ist es, das Leben zu kreieren, das sie sich wünschen. Sie stellen an sich selbst die Anforderung: „Egal, was kommt, ich werde das Leben haben, das ich mir als meine Realität wünsche!"

Viele Humanoide gehen sogar noch einen Schritt weiter und schwören sich, dass sie diese Realität verändern werden, egal, was dafür erforderlich ist. Sie sagen: „Ich werde diese Realität verändern. Mir ist egal, was dazu erforderlich ist. Mir ist egal, wie es aussieht. Mir ist egal, was ich auf dem Weg dahin verliere oder gewinne. Nichts davon spielt eine Rolle. Es zählt nur die Veränderung, die möglich ist."

Access Consciousness bietet etwas, das Möglichkeiten kreieren kann, die weit über das hinaus gehen, was Mainstream-Psychologie oder -Psychotherapie kreieren kann. Wir fragen: „Was können wir finden, was können wir wissen, was können wir einrichten, das die Welt zu einem Ort macht, der besser funktioniert?"

Wir müssen fragen:
„Was kreieren wir durch die Wahlen, die wir treffen?"
Wir müssen uns das anschauen, weil es uns ein Gespür für die
Zukunft gibt, die wir gerade kreieren.

11

2

WISSEN IST DIE ULTIMATIVE
RESSOURCE

Wir möchten dir gerne ein Gewahrsein dessen geben, wie du anfangen kannst, auf andere Weise Wahlen in deinem Leben zu treffen. Wissen ist die ultimative Ressource, um zu beginnen, etwas anderes zu wählen. Wenn du dein Wissen anerkennst, wird alles für dich verfügbar. Sämtliche Wahlen werden verfügbar. Und wenn du anerkennst, *wenn* du weißt und *was* du weißt, wird die Geschwindigkeit deines Wissens sich dynamisch erhöhen.

Wenn du anfängst, aus dem Wissen heraus zu handeln, wird die Zukunft für dich viel deutlicher. Du denkst: „Ich werde das wählen." Dann fragst du: „Wie wird das funktionieren?" Du beginnst zu sehen, dass jede Wahl, die du triffst, eine neue Zukunft kreiert, die dir nun offensteht.

So dachten beispielsweise Gary und Dr. Dain Heer, der Co-Kreateur von Access, darüber nach, ein Schloss in Mailand zu kaufen und fuhren dort hin, um es sich anzuschauen. Als sie dort waren, wurde die Zukunft, die mit dem Schloss möglich war, für sie offensichtlich. Sie mussten jetzt nur noch fragen: „Wie wird das funktionieren?" Es stand viel zu kurz davor, zu zerfallen, also lag die Antwort auf der Hand: „Okay, prima. Danke für die Information."

Wenn du weißt, dass du weißt, dann bist du dir dessen gewahr, was in der Welt um dich herum vor sich geht. Du stimmst nicht überein, stimmst nicht zu, gehst nicht in Widerstand und reagierst nicht auf das, was passiert. Du sagst einfach: „Oh, okay. Danke." Du empfängst das, was vor sich geht, als das Geschenk des Gewahrseins. Du fragst:

- Was weiß ich?
- Was würde ich gerne wählen?

Und dann fragst du: „Was kann ich damit machen?" Du musst *als diese Frage* leben. Wenn du so bist wie die meisten Menschen, empfängst du das Geschenk des Gewahrseins ständig – aber du fragst nicht, was du damit machen kannst. Du sagst zum Beispiel: „Ich mag das nicht. Das fühlt sich nicht gut an. Ich hasse Gewahrsein, weil ich an dem, was ich wahrnehme, nichts ändern kann." Nein. Du musst fragen:

- Was kann ich damit machen?
- Möchte ich es ändern?
- Kann ich es ändern?
- Was kann ich ändern?

Als Susanna die Pragmatische Psychologie gegründet hat, hatte sie keine Informationen darüber, wohin es führen oder wie es aussehen würde. Sie wusste nur, dass es eine Zukunft für viele Menschen kreieren und sie ermächtigen würde, zu wissen, dass sie wissen, anstatt in den Schwierigkeiten der Vergangenheit festzustecken. Anstatt die falsche Sicherheit des Denkens und Berechnens zu suchen, ließ sie sich von der Leichtigkeit des Wissens leiten.

Wenn du erst einmal wissen kannst, was du weißt, läuft alles sehr viel besser. Das Leben macht mehr Spaß. Du findest dich selbst gut. Andere Menschen begehren dich. Alle schauen dich an und sagen: „Lieber Gott, lass mich bitte das haben, was sie hat! Lass mich das haben, was sie hat!"

Wenn du weißt, dass du weißt,
dann bist du dir dessen gewahr,
was in der Welt um dich herum vor sich geht.

Du stimmst nicht überein, stimmst nicht zu,
gehst nicht in Widerstand
und reagierst nicht auf das, was passiert.

Du sagst einfach: „Oh, okay. Danke."

Du empfängst das, was vor sich geht,
als das Geschenk des Gewahrseins.

🌿

3

MIT ERLAUBNIS STEHEN ANDERE MÖGLICHKEITEN OFFEN

Wenn du erst einmal weißt, dass du weißt und dir dessen gewahr bist, was um dich herum passiert, empfängst du das, was vor sich geht, als das Geschenk des Gewahrseins. Das nennt man Erlaubnis. Sie ist eine äußerst pragmatische Art und Weise, sich in der Welt zu bewegen.

Erlaubnis ist die Einstellung, dass alles nur eine interessante Ansicht ist – egal, *was* gerade passiert. Sie ist eine kreative Energie, die es dir erlaubt, in der Frage zu sein und dadurch alles zu verändern. Erlaubnis hält dir den Raum von dir selbst offen. Aus diesem Raum heraus kannst du wissen, was du weißt, und wählen, was für dich funktioniert.

Wenn du in der Erlaubnis bist, strömen viele Dinge auf dich ein – Gedanken, Vorstellungen, Glaubenssätze, Einstellungen, Bewertungen und Emotionen –, aber du bist wie ein Fels in der Brandung.

Alles fließt um dich herum. Du bist immer noch du. Aber sobald du anfängst, in den Widerstand zu gehen und zu reagieren oder übereinzustimmen und zuzustimmen, was diese Gedanken, Vorstellungen, Glaubenssätze, Einstellungen, Bewertungen und Emotionen angeht, bist du nicht länger gewahr. Du bist nicht mehr der Fels in der Brandung und wirst vom Strom mitgerissen.

Anstatt in der Erlaubnis zu sein, versuchen wir oft, etwas mit den Dingen zu tun, derer wir uns bewusst sind. Wenn beispielsweise jemand unhöflich ist und dir sagt, du seist dumm und falsch. Vielleicht reagierst du dann. Oder vielleicht hat ein Freund von dir vor, etwas zu tun, das unglaublich dumm ist. Vielleicht versuchst du, ihm zu helfen oder ihn zu beeinflussen, und setzt dich dabei selbst seinem Einfluss aus. Aber wenn du in der Erlaubnis bist, bist du dir gewahr und brauchst nichts außer einer Frage: „Ist das relevant?" Ist die Antwort „Ja", dann frage: „Was wird hier benötigt?"

Erlaubnis und das Bedürfnis, richtig dazustehen

Unser Bedürfnis, richtig zu liegen, oder unsere Neigung, uns selbst als im Unrecht zu sehen, hindert uns daran, in der Erlaubnis zu sein. Sobald wir eine Ansicht annehmen, beispielsweise „Ich bin ja so im Recht!" oder „Ich bin ja so im Unrecht!", geraten wir aus der Frage und dem Gewahrsein und können nicht mehr deutlich sehen, was geschieht. Wenn dich beispielsweise jemand einer Sache beschuldigt, kannst du zustimmen und sagen: „Vielleicht bin ich wirklich so schrecklich, wie er sagt." Oder du kannst widersprechen und sagen:

„Was für ein dummer Mensch! Wie kann er mir so etwas sagen?"
Beides sind Reaktionen und keins von beiden bringt dir Freiheit.

Wenn du nicht mehr richtig liegen musst, wenn deine
Grundhaltung, dass du immer im Unrecht bist, verschwindet, dann
kannst du in der Erlaubnis sein, und dein Leben wird viel leichter.

- Wie viel Energie brauchst du, um dein Richtigsein
  oder dein Falschsein aufrechtzuerhalten?
- Was, wenn du nicht mehr richtig oder falsch sein
  müsstest?
- Wer könntest du sein, und wie viel Energie stünde dir
  zur Verfügung, um wirklich dein Leben zu kreieren?

Werkzeug: Interessante Ansicht, dass ich diese Ansicht habe

Du kannst aus Angleichung und Zustimmung oder Widerstand
und Reaktion in die Erlaubnis kommen, indem du sagst: „Interessante
Ansicht, dass ich diese Ansicht habe", auch wenn du es hundertmal
sagen musst, ehe du endlich dort ankommst.

Anfangs scheinen Angleichung und Zustimmung oder Widerstand
und Reaktion tief verankert zu sein. Wenn du dir aber immer wieder
sagst, entweder laut oder nur in Gedanken: „Interessante Ansicht,
dass ich diese Ansicht habe", wirst du merken, dass sie anfängt, sich
zu lockern und zu verändern. Sag dir: „Ich wäre hier gerne in der
Erlaubnis. Ich habe es noch nicht ganz geschafft, aber ich komme
dem immer näher." Sag immer wieder: „Interessante Ansicht, dass ich
diese Ansicht habe", so oft, wie es notwendig ist, bis du diese Ansicht
nicht mehr finden kannst. Es sind ausschließlich deine Angleichung,
Zustimmung, Widerstand und Reaktion, die deine Ansichten daran
hindern, sich aufzulösen. Du brauchst nicht viele Stunden am Tag

zu meditieren, um in der Erlaubnis zu sein, aber du musst dieses Werkzeug verwenden. Es beginnt mit einer Wahl – und dann musst du üben.

Der Raum der Erlaubnis

Wenn du in der Erlaubnis bist und dir selbst gestattest, zu wissen, was du weißt, kaufst du den Müll nicht mehr ab, den die Menschen in dieser Realität verkaufen. Gehörst du beispielsweise zu den Menschen, die denken, sie hätten nicht genug Geld? Viele von uns sagen: „Ich habe nicht genug! Ich habe dies und jenes nicht!"

Ziehe einmal Folgendes in Erwägung: Du *hast* genug. Du bist einfach nicht bereit zu wissen, wie viel du hast, weil du dich an den Ansichten anderer Menschen ausgerichtet und ihnen zugestimmt hast. Du bist noch nicht bereit zu wissen, wie viel du hast, das sich nicht an diese Realität angleichen kann.

Aus dem Raum der Erlaubnis erwächst automatisch eine andere Möglichkeit. Wenn du dir etwas anschaust und sagst: „Ist es nicht interessant, dass jemand das wählen würde?", öffnest du die Tür zu der Frage:

- Was kann ich wählen?
- Was kann ich wählen, das anders wäre?
- Was kann ich wählen, das einer anderen Möglichkeit beitragen würde?

Wenn du in der Erlaubnis bist, bist du immer *du selbst*, und du wirst zu einer Energie, die die Menschen inspiriert.

Clearing: Lebe *aus, als* und *mit* Gewahrsein und Wissen

Was hast du so lebensnotwendig und endgültig am Leben gemacht, das dich davon abhält, ein Leben zu kreieren, das darin besteht, aus, als und mit Gewahrsein und Wissen zu leben? Alles, was das ist, zerstörst und unkreierst du das alles? Right and wrong, good and bad, POD and POC, all 9, shorts, boys and beyonds.

Was, wenn du der Raum und die Stimme
für etwas ganz anderes auf diesem Planeten bist?

DIE FREUDE DER BEWERTUNG ODER DIE FREUDE DES GEWAHRSEINS:

WAS WÄHLST DU?

Die meisten Menschen denken, Wissen sei eine Art von Vollendung anstatt der Anfang einer anderen Möglichkeit. Sie denken, dass der Hauch von Bewusstsein, der von einem Moment auf den anderen erscheint, keinen Wert habe. Diese Denkweise führt zum Abstumpfen in dieser Realität.

Es ist *so viel spannender*, gewahr zu sein und ständig Möglichkeiten auftauchen zu sehen, anstatt in Zeit und Raum festzustecken, wo Bewertungen, Antworten, Vollendung und Schlussfolgerungen vorherrschen. Wie oft hast du gedacht: „Sobald ich die Antwort habe, bin ich damit fertig"? Du hast Wissen als eine *Antwort* definiert, anstatt als eine *Möglichkeit*. Wenn du das tust, erlaubst du dir dein eigenes Wissen nicht.

So ist es Einstein ergangen. Er hat sein eigenes Ding mit der Relativitätstheorie gemacht und kam zu dem Schluss, dass er richtig lag. Dann kamen andere Menschen mit der Quantenmechanik, aber Einstein war bereits zufrieden mit einer Antwort und einer Lösung. Er war nicht bereit, auf eine Art und Weise so viel mehr zu sein, die alle anderen dazu bringen würde, sich in die Kreation anderer Realitäten auszudehnen.

Die Freude, die Gewahrsein dir gibt

Gewahrsein hat nichts damit zu tun, eine Schlussfolgerung zu ziehen, die Kontrolle zu übernehmen, zu bewerten oder die Dinge zu verstehen. Es geht darum, in diesem Moment zu wissen und Fragen zu stellen. Es ist der Raum, in dem du sagst: „Das ist das, was ich weiß", und es eröffnet sich eine Welt der Wahl, der Frage und des Beitrags. Dir stehen nun völlig neue Möglichkeiten offen.

Wenn du Fragen stellst, kommen die Dinge in Bewegung, und die ständige Bewegung kreiert andere Möglichkeiten. Wenn du deine Aufmerksamkeit auf etwas lenkst, ohne eine Bewertung oder Schlussfolgerung dazu zu haben, verändern sich die Dinge.

Absolutes Gewahrsein gibt dir ein Empfinden von Freude. Der große Vorteil an absolutem Gewahrsein ist, dass du dir etwas anschauen und sehen kannst, warum es nicht funktioniert. Und dann wählst du etwas, das funktioniert.

Schlussfolgerungen, Ergebnisse, Antworten und Vollendung

Schlussfolgerungen, Ergebnisse, Antworten und Vollendung haben nichts mit Bewusstsein zu tun, denn Bewusstsein kommt niemals zum Abschluss. Bewusstsein öffnet einfach immer weitere Türen zu mehr Möglichkeiten. Wenn du auf irgendein bestimmtes Ergebnis abzielst, wie etwas auszusehen hat, wirst du nicht in der Lage sein, eine andere Möglichkeit zu empfangen. Wenn du bereits geschlussfolgert hast, was passieren soll, bist du nicht in der Lage, Möglichkeiten zu empfangen. Schlussfolgerung zerstört Möglichkeiten.

Anstatt etwas mit Leichtigkeit und Gewahrsein zu empfangen, sagst du: „Das gefällt mir nicht." Ist das eine Frage? Nein. Du ziehst Schlussfolgerungen und fällst Entscheidungen. Du fragst nicht:

• Was kann ich damit kreieren?
• Was kann ich damit tun?
• Wie kann ich damit spielen?
• Wie kann das für mich funktionieren?
• Wozu wird es führen, wenn ich das wähle?
• Was wird es erzeugen?

Was hast du so lebensnotwendig daran gemacht, dass Gewahrsein falsch ist, das dir die Freude verwehrt, die Gewahrsein dir gibt?

Wir haben mit einem Juristen hierüber gesprochen, und er fragte: „Wollt ihr damit sagen, dass ich alle Schlussfolgerungen komplett eliminieren muss?"

„Ja", sagte Gary. „Ich weiß, dass das für einen Anwalt, der Richter zu werden beabsichtigt, schwer sein muss."

Der Jurist fragte: „Habt ihr irgendwelche Tipps, wie ich das im täglichen Leben tun kann?"

„Zunächst einmal", sagte Gary, „hörst du auf zu sprechen, wenn du merkst, dass die Menschen nicht hören können, was du sagst. Wenn du aufhörst zu sprechen, insbesondere als Jurist, werden die Menschen dir alle möglichen Dinge erzählen."

Der Jurist sagte: „Ich weiß. Es ist schwierig, mir das ganze Zeug anzuhören."

„Das ist die Lüge, die du abkaufst", antwortete Gary.

Susanna fügte hinzu: „Du hast uns von einem Abendessen mit einem Immobilienmakler erzählt. Hast du nicht einfach die Klappe gehalten und ihn erzählen lassen, was er zu sagen hatte? Wie viele Informationen hast du dadurch erhalten?"

„Ja, das habe ich wirklich gemacht und viele Dinge erfahren. Es hat Spaß gemacht. Wollt ihr sagen, dass ich mit solchen Situationen Spaß kreieren kann?"

Genau. Es macht *wirklich* Spaß, als Frage, Gewahrsein und Wissen zu leben. Versuche nicht, den freien Raum zu füllen. Lass ihn offen; der Raum wird sich selbst füllen. Wenn du Raum hast, kannst du absolutes Gewahrsein haben.

Sich jenseits der Auslegung bewegen

Die größte Güte, die du dir selbst, anderen und der Welt gegenüber sein kannst, ist, wenn du vermeidest, aus irgendeiner Art von Bewertung und Auslegung heraus zu agieren. Die größte Güte in der Welt ist es, dir selbst zu erlauben, gewahr zu sein, zu wissen, was du weißt, und zu sehen, was ist, so, wie es ist, ohne Auslegung, ohne Bewertung, ohne Ansicht.

Eine Frau erzählte uns von einem Gespräch mit einem Freund. Sie sagte: „Mein Freund hat mich darauf aufmerksam gemacht, dass ich mit den Fragen, die ich gestellt hatte, nicht auf meine eigene Großartigkeit geschaut habe. Er hatte recht. Anscheinend mache ich hier etwas Seltsames – ich schaue mir gerne die Lüge an, die ich mir selbst erzähle, damit ich zur Wahrheit gelangen kann."

Wenn du sagst, du schaust dir gerne die Lüge an, um zu bestimmen, was die Wahrheit ist, legst du etwas als eine Lüge und als die Wahrheit aus. Das solltest du nicht tun. Suche nicht nach der *Wahrheit*. Suche *Gewahrsein*. Du versuchst, die Dinge zu verstehen, auszulegen oder zu bewerten. Das ist so, als würdest du dir die Begrenzungen anschauen, um Freiheit zu erlangen. Du wählst aber nicht wirklich die Freiheit.

Alles, was aus deinem Mund oder deinem Kopf kommt, ist das, was du in deinem Leben kreierst. Jeder einzelne Gedanke, alles, was du sagst, kreiert das Leben, das du hast. Wenn du nicht glücklich mit deinem Leben bist, solltest du lieber auf das achten, was du denkst und sagst, denn damit kreierst du dein Leben.

Wenn du deinen Verstand einsetzt, um das auszulegen, wessen du dir gewahr bist, schaust du nicht auf das, was tatsächlich *ist*. Du schaust auf etwas, das *nicht das ist, was ist*. Einige Menschen versuchen beispielsweise, die Gestik und Mimik anderer Menschen auszulegen. Sie sagen: „Dieser Gesichtsausdruck bedeutet *dies oder jenes*." Sie interpretieren die Dinge durch den Filter ihrer Schlussfolgerungen, die nicht real und wahr sind, um festzulegen, was mit ihnen passiert.

Die Interpretation durch deinen Verstand führt dich nicht zu dem Wissen, was wahrhaftig möglich ist. Du beziehst alles nur auf dich. Wenn beispielsweise eine schräge Energie im Raum ist, denkst du vielleicht: „Ich muss etwas falsch gemacht haben. Es muss meine Schuld sein." Wenn du das tust, kannst du nicht die Quelle der Kreation sein. Du machst das Verhalten oder die Energie eines anderen Menschen – und deine Auslegung dessen – zur Quelle der Kreation. Das führt dich nicht zu dem, was möglich oder wahr für dich ist.

Vielleicht denkst du: „Nun ja, wenn ich mich für etwas schuldig mache und es ändere, dann kann ich die Situation kontrollieren." Das ist das, was dir als Kind beigebracht wurde. Uns wird von Kindheit an beigebracht, uns so zu verhalten. Das ist aber nicht die Freiheit, die aus Gewahrsein kommt.

Du kannst einen Grad von Freiheit haben, in dem du nicht der Auslegung ausgesetzt bist. Leider verwenden viele etablierte Psychologen Werkzeuge, die sie von ihren Universitäten erhalten haben, wo es ausschließlich um Auslegung, Kognition und den Denkprozess geht. Das kostet so viel Mühe! Es kostet so viel Energie. Und es gibt dir niemals die Freiheit, dich zu ändern.

Auslegung hält dich davon ab, mit dem präsent zu sein, was ist.

Susanna hat im Laufe ihrer Tätigkeit in der psychischen Gesundheitsvorsorge zahllose Therapiestunden mit Klienten absolviert. Sie hat kognitive Verhaltenstherapie und psychodynamische Ansätze verfolgt. Während ihrer Ausbildung wurde sie darin geschult, die Aussagen ihrer Klienten zu interpretieren. Ihr wurde beigebracht, dass alles, was ihre Klienten sagten und taten – auch die Art, wie sie sich bewegten und ihre Körperhaltung – etwas *bedeutete*. Bereits früh merkte sie, dass dieses Interpretieren der Klienten sie davon abhielt, präsent mit dem zu sein, was ist.

Wenn dein Verstand mit Auslegungen gemäß einer bestimmten Theorie beschäftigt ist, die du in einem Buch gelegen hast, gehst du zurück zu diesem Buch und filterst das Gesagte durch vergangene Erfahrungen und Kenntnisse, anstatt mit dem präsent zu sein, was ist. Es entgeht dir so viel!

Jetzt, mit der Pragmatischen Psychologie, hört Susanna nicht nur auf das, was die Menschen *sagen* – sie ist sich auch *jeder Nuance der Energie* gewahr, um den Moment abzupassen, an dem ein Problem in eine Möglichkeit umgewandelt werden kann.

Clearing: Auslegung von Energien, die nicht übersetzt werden können

Was hast du so lebensnotwendig daran gemacht, eine Bedeutung zu verstehen, weshalb du ständig die Energien auslegst, die nicht übersetzt werden können? Alles, was das ist, zerstörst und unkreierst du das alles? Right and wrong, good and bad, POD and POC, all 9, shorts, boys and beyonds.

Die größte Güte, die du dir selbst, anderen und der Welt
gegenüber sein kannst, ist, wenn du es unterlässt, aus
Bewertung und Auslegung heraus zu agieren.

5

EINE EXTREMSPORTART: GEWAHRSEIN

Intensität ist auf diesem Planeten die begehrteste Lebensweise. Wir glauben, dass dies der Grund ist, warum die Menschen Extremsportarten betreiben. Sie sagen: „Wenn ich Extremsport betreibe, bin ich besonders lebendig. Je näher ich dem Tod komme, desto intensiver bin ich am Leben." Extremsport kann eine Notfallsituation und damit die einzige Gelegenheit kreieren, bereit zu sein, wahrer Raum und alles, was man ist, zu sein. Man sagt, dies sei orgasmisches Leben. Einige Menschen kommen an den Punkt, an dem sie dieses Empfinden des intensiven Lebendigseins nur dann spüren können, wenn sie Extremsport betreiben.

Was, wenn du es genießen könntest, in jedem Moment total präsent zu sein?

Wir haben einmal in einem Access-Kurs ein Video von einem der Teilnehmer angeschaut, wie er aus einem Heißluftballon gesprungen ist.

Er sprach von dem Raum des Daseins, von der totalen Freude, es einfach zu tun, und von der orgasmischen Energie, wenn man sagt: „Ich werde jetzt fallen."

Wie wäre es, wenn du bereit wärst, die pure Freude aller Möglichkeiten in allen Bereichen deines Lebens zu haben, nicht nur, wenn du in einem Heißluftballon bist? Was, wenn du diese Energie jederzeit und überall haben könntest? Was, wenn du es genießen könntest, in jedem Moment total präsent zu sein?

Wir beide reiten beispielsweise unheimlich gerne. Wenn wir reiten, wissen wir, dass wir absolut präsent mit dem Pferd sein müssen. Wir können uns nicht ausklinken. Wir können nicht dumm sein. Wir können nicht ohne Gewahrsein sein. Wenn du bereit bist, diese Intensität der Präsenz in jedem Moment eines jeden Tages zu sein, wird dein Gewahrsein so intensiv, dass du es anfangs vielleicht gar nicht aushalten kannst. Das ist in Ordnung. Du musst einfach nur fragen: „Was ist hier möglich?" und in dieser Frage *sein*.

Wenn du erst einmal in die Frage gehst, wird alles möglich. Es ist die Geschwindigkeit des Raums. Es ist das Gewahrsein des Seins. Ja, es ist intensiv und unangenehm – weil Gewahrsein nicht immer angenehm ist.

Wenn du bereit bist, die Intensität des totalen Gewahrseins zu haben, hast du am Ende eine Intensität, die großartiger ist als Extremsport, großartiger als fantastischer Sex, großartiger als ausgezeichnetes Essen. Gewahrsein exponentialisiert all diese Dinge, so dass sie noch großartiger werden. Wenn du aus der Intensität deines Gewahrseins heraus Extremsport betreibst, fantastischen Sex hast oder ausgezeichnetes Essen isst, machen all diese Dinge noch mehr Spaß – weil nicht *sie* die Quelle der Intensität sind, sondern *du*. Was, wenn die Intensität deines Gewahrseins großartiger wäre als die Intensität aller anderen Dinge, die du haben könntest?

Ein intensives Maß an Empfangen

Eine unserer Kursteilnehmerinnen hatte sich wiederholt bei Extremsportarten verletzt.

„Neulich habe ich mir beim Snowboarden das Knie ausgerenkt", erzählte sie uns. „Kurz vor dem Sturz dachte ich ‚Das ist fantastisch! Das macht mir so viel Spaß.' Ich habe die Freude des Gewahrseins erfahren. Es war unglaublich. Ich war einfach nur der Raum."

Gary sagte: „Und wessen warst du dir in dem Moment gewahr, was den Unfall kreiert hat? Wenn du ein so extremes Gewahrsein hast, bist du dir aller Dinge gewahr, die passieren. Die Menschen schauen dich beispielsweise an und denken ‚Ach du meine Güte! Sie stürzt gleich.' Vielleicht hatte jemand, der dir zugeschaut hat, die Ansicht: ‚Wenn ich das tun würde, würde ich sterben!' Vielleicht hast du ‚würde ich sterben' ‚gehört' und hast angenommen, dass es deine Ansicht sei, und du warst dir gar nicht dessen gewahr, dass diese Ansicht von jemand anderem kam. Du hast das nicht mitgekriegt. Du hast es nicht kommen sehen. Du musst jederzeit ein intensives Maß an Empfangen haben – damit du nicht stürzen musst, wenn jemand so etwas auf dich projiziert. Du brauchst keinen Unfall zu haben."

„Naja, stimmt", sagte die Frau, „aber wir hatten einen Schneesturm. Die Wetterverhältnisse waren wirklich schlecht. Ich hätte nicht so schnell fahren sollen."

„Wessen Ansicht war das?", fragte Gary.

Die Augen der Frau wurden größer. „Oh! Ja! Ich verstehe! Das war die Ansicht der Menschen um mich herum, als ich an ihnen vorbeisauste."

„Wenn du in derart extremen Situationen bist", sagte Gary, „bist du offen, alles zu empfangen. Leider hast du nicht mitbekommen, dass du zusätzlich zu allem anderen, dessen du dir gewahr warst, auch die Projektionen und Erwartungen der Menschen um dich herum empfangen hast. Sie waren schwer, aber du hast sie in dem Moment nicht als schwer erlebt, denn du hast absolut empfangen, und wenn du absolut empfängst, sind die Dinge nicht schwer."

Sei dir dessen gewahr, dass andere nicht empfangen können, was du kannst. Dies gilt für jeden Bereich deines Lebens, insbesondere für deine Talente. Diese Snowboarderin war äußerst offen zu empfangen, aber sie hat die Projektionen und Erwartungen anderer Menschen als ihre eigenen abgekauft. Sie haben auf ihre Welt eingewirkt. Es hätte anders ausgehen können. Sie hätte die Projektionen und Erwartungen empfangen und sagen können: „Oh, das ist nicht relevant für mich", und es wäre ihr nichts passiert.

Die Fähigkeit, mehr zu wählen

Wenn du dein Gewahrsein steigerst, bist du am äußersten Rand aller Dinge, die du tust, anstatt dich durch das Leben zu schleppen wie die meisten Menschen. Du hast die Fähigkeit, mehr zu wählen, oder auch nicht – wie du möchtest. Wenn du bereit bist, diese Intensität des Gewahrseins zu haben, exponentialisierst du die Freude dessen, was du tust.

Wenn Gary Reiten als Extremsport betreibt, weiß er, dass er extrem gewahr sein muss. Andernfalls wird er ein Problem kreieren, oder das Pferd kreiert es. Du solltest die Intensität des Gewahrseins anstreben, weil sie dir totales Empfangen gibt und die Tür zu allem öffnet, was im Leben möglich ist, das du noch nie erreichen konntest.

Susanna liebt Abfahrtski. Sie liebt die Geschwindigkeit. Die Oberfläche des Berges ändert sich jeden Meter, so dass ihr keine Wahl bleibt, außer, sich ihres Körpers, des Berges, der Oberfläche, der Skifahrer um sie herum und dessen, was vor ihr liegt, extrem gewahr zu sein. Sie muss all das empfangen. Dieses Maß an Empfangen lädt dich zu einem höheren Maß an Sein ein. Du bist dann das orgasmische, unkontrollierbare Bündel Freude, das du wirklich bist!

Nimm jetzt einmal alles um dich herum wahr, jedes Molekül, und lasse es herein. Was fällt dir auf? Es gibt keine richtige oder falsche Antwort auf diese Frage. Mach es noch einmal. Was fällt dir jetzt auf? Von einem Moment auf den anderen sind die Dinge niemals gleich. Es gibt keine Notwendigkeit, irgendetwas zu kontrollieren. Übe, zu empfangen. Du kannst es überall und jederzeit tun. Du brauchst dazu kein Fitnessstudio.

Was, wenn die Intensität deines Gewahrseins großartiger wäre als die Intensität aller anderen Dinge, die du haben könntest?

6

MEHR WÄHLEN: WAHL MACHT DAS LEBEN ZUM ABENTEUER

Wahl ist der Anfang aller Kreation. Anstatt in ihrem Leben mehr zu wählen oder etwas zu wählen, was für sie funktioniert, versuchen die meisten Menschen jedoch, ihre Wahlen zu rechtfertigen. Sie sagen: „Ich wähle dies, *weil* ..." Jedes Mal, wenn du *weil* sagst, stumpfst du dich selbst ab. Du wählst nicht wirklich. Du versuchst, deine Wahl zu rechtfertigen oder zu beweisen, dass es gut war, so zu wählen. Du bist nicht pragmatisch. Die pragmatische Wahl ist, für dich zu wählen. Wenn du für dich wählst, weißt du, dass du immer das bekommst, was du möchtest.

Für dich zu wählen kann anfangs eine Herausforderung sein. Vielleicht stimmen andere Menschen dem nicht zu. Da war zum Beispiel eine Teilnehmerin, die sich für eine 7-Tage-Veranstaltung von Access in Costa Rica angemeldet hat. Ihr Vorgesetzter war nicht einverstanden, aber sie hat dennoch gewählt, zu fahren. Gary riet ihr Folgendes:

„Sag deinem Vorgesetzten: ‚Ich möchte mich in meiner Arbeit wirklich verbessern. Ich möchte produktiver sein und noch mehr kreieren, also wähle ich, das hier zu tun. Sie können mein Gehalt kürzen oder was immer sie sonst tun müssen. Wenn Sie mich entlassen wollen, ist das in Ordnung, denn ich weiß, dass ich nach diesem Kurs einen großartigen Job bekommen werde.‘ Oder du könntest sagen: ‚Wenn Sie mich nicht wirklich haben möchten, ist das Ihre Gelegenheit, mich loszuwerden, denn wenn ich in meinem Job besser werde, werde ich Sie übertreffen und Ihnen den Job wegnehmen.‘

Gary hielt inne und sagte: „Weißt du, den zweiten Teil solltest du vielleicht nur *denken*. Sage ihn nicht laut. Das ist Pragmatische Psychologie. Du bist dir dessen gewahr, was Menschen hören müssen, und du nutzt dein Gewahrsein für dich und für das, was du gewählt hast. Du sagst, was dein Chef hören muss, nicht als Abstumpfung, sondern als eine Kreation, als eine Möglichkeit."

Wähle und schaue, was passiert

Jedes Mal, wenn du wählst, zeigt sich aufgrund dieser Wahl etwas in deinem Leben. Du merkst es vielleicht nicht, aber wenn du etwas wählst, hast du es dir bereits angeschaut und gesagt: „Okay, ich kann das haben. Ich kann es empfangen." Die meisten Menschen wählen auf Grundlage dessen, was sie mit Leichtigkeit empfangen können.

Aber du musst auch bereit sein, das zu wählen, von dem du nicht denkst, dass du es mit Leichtigkeit empfangen kannst.

Der einzige Grund, warum du etwas nicht empfangen kannst, besteht darin, dass du entschieden hast, dass es zu unangenehm ist. Es geht immer um das, von dem du *entschieden* hast, dass du es nicht empfangen kannst. Du musst aber lernen, auch das zu wählen, denn es geht nie um das, was du *wirklich nicht* empfangen kannst. Hier kreieren wir die größten Fortschritte, um die Teile unseres Lebens zu verändern, die wir am meisten verändern möchten.

Hier ist eine wichtige Frage: Musst du schon wissen, was für dich funktioniert, um es kreieren zu können?

Die Antwort lautet: Du bist dir vielleicht einiger Dinge *gewahr*, die für dich funktionieren, aber wie oft hast du versucht, zu einer Schlussfolgerung darüber zu gelangen, was funktioniert, anstatt das Abenteuer zu erleben, es herauszufinden? Wähle und schaue, was passiert. Wahl kreiert Gewahrsein. Wir *können* aus dem Leben ein Abenteuer anstelle einer vorherbestimmten Realität machen.

Wenn etwas für dich nicht funktioniert oder wenn alles nicht so läuft, wie du es gerne hättest, dann gibt es etwas, das dich blockiert – etwas, das du nicht bereit bist zu sein oder zu empfangen. Frage: „Was bin ich nicht bereit zu sein oder zu empfangen, was dies davon abhält, für mich zu funktionieren?"

Pragmatisch zu sein bedeutet, alle Wahlen zu begrüßen

Einer unserer Kursteilnehmer sagte: „Ich merke, wie sich manchmal mein Gewahrsein so sehr ausdehnt, dass es so scheint, als setze ich das Gewahrsein gegen mich anstatt für mich ein."

Wenn das einem von uns passiert, können wir einfach sagen: „Okay. Das reicht! Ich mache das nicht mehr. Ich wähle etwas anderes."

Wir müssen uns auch der Orte gewahr sein, die wir lieben, so dass wir sie immer und immer wieder wählen. Das Problem ist, dass wir oft nicht aufhören, die Orte zu wählen, die wir lieben, *selbst, wenn sie nicht mehr für uns funktionieren.* Wenn du dir selbst ins Knie schießt, indem du diese Orte wählst, denkst du, es beweist, wie mächtig du bist, weil du dich selbst an den Haaren aus dem Mist ziehen, weitermachen und die Situation wenden kannst.

Vielleicht könntest du die Tatsache anerkennen, dass du mächtig bist. Dann musst du dich nicht mehr bemühen, es dir selbst zu beweisen.

Wähle und schaue, was passiert. Wahl kreiert Gewahrsein.
Du musst aus dem Leben ein Abenteuer machen,
anstatt eine vorherbestimmte Realität.

HÄTTEST DU GERNE MEHR GELD?

Möchtest du gerne die Geldmenge vergrößern, die in dein Leben strömt? Wenn ja, laden wir dich ein, damit zu beginnen, den Zehnten an die Kirche *deiner selbst* zu entrichten. Was wir damit meinen, ist, 10 Prozent von jedem Dollar, den *du* erhältst, zur Seite zu legen. Du bezahlst zuerst dich selbst. Damit sagst du dem Universum, dass du Geld verdienst – und es wird sich mehr Geld für dich zeigen.

Zehn Prozent für *dich* zur Seite zu legen, ist das Gegenteil von Geiz. Eine Definition von Geiz ist „Mangel an Großzügigkeit". Geiz ist Habsucht oder Knauserei oder Pfennigfuchserei; Geiz ist, äußerst sparsam oder genügsam zu sein; Geiz ist, einen Teebeutel zweimal zu benutzen, um Geld zu sparen. Geiz ist, wenn du etwas zu dem geringsten Betrag machst, den du empfangen kannst, als würde dies eine großartigere Möglichkeit in deinem Leben kreieren. Das wird es nie tun.

Fang an, dir selbst 10 Prozent zu zahlen, ehe du etwas anderes bezahlst.

Wenn du anfängst, 10 Prozent für dich selbst zur Seite zu legen, kreierst du mehr Geld, das in dein Leben kommt. Denke einmal darüber nach, was passiert, wenn du dich selbst *nicht* zuerst bezahlst. Wenn du sagst: „Zuerst muss ich meine Rechnungen bezahlen", was bekommst du dann normalerweise? Mehr Rechnungen. Möchtest du das? Oder möchtest du gerne mehr Geld?

Wenn du mehr Geld möchtest, fange an, zuerst *dich selbst* zu bezahlen. Vielleicht brauchst du ein paar Monate, um dich umzustellen, indem du Rechnungen später bezahlst, bis du dich daran gewöhnt hast, dir selbst zuerst 10 Prozent zu bezahlen, aber du schaffst das.

Es sind übrigens 10 Prozent vom Bruttobetrag, nicht vom Nettobetrag. Versuche nicht, dich herauszumogeln.

Aber mache es nicht, weil wir es dir sagen. Das wird nicht funktionieren, denn sobald es finanziell eng wird, wirst du das Geld ausgeben. Und dann sagst du: „Aaaah! Ich habe schon wieder kein Geld!" Lege die 10 Prozent als Ehrung deiner selbst zur Seite. Mache es, weil es pragmatisch ist.

Wow, ich habe Geld!

Wenn du immer die 10 Prozent zur Seite legst, wirst du an einen Punkt kommen, an dem du einen bestimmten Geldbetrag hast, egal, welcher Betrag das für dich sein mag – er ist für jeden Menschen unterschiedlich – und du wirst sagen: „Wow, ich habe Geld!" Du wirst ein Gefühl von Sicherheit mit Geld bekommen, und du wirst nicht annähernd so häufig darüber nachdenken.

Wir haben mit einer Frau gesprochen, die vor vielen Jahren ein 10-Prozent-Konto für ihr geschäftliches Einkommen eröffnet hatte. Sie erzählte uns, ihr Mann habe kürzlich ebenfalls ein 10-Prozent-Konto eröffnet. Sie sagte, ihre Einnahmen hätten sich erheblich gesteigert – sogar bis zu dem Punkt, dass sie jetzt *fast 100 Prozent* ihres Einkommens zur Seite lege.

Sie erzählte uns: „Vor einigen Monaten habe ich angefangen, fast 100 Prozent meines Einkommens auf mein 10-Prozent-Konto einzuzahlen, so dass ich noch mehr Magie kreieren konnte. Mit dieser Veränderung hatten wir jedoch am Ende des Monats nicht mehr genug Geld, um all unsere Rechnungen zu bezahlen. Wir fingen an, uns Geld zu leihen, um zu überleben. Mein Mann hat die Ansicht, dass ich zu viel ausgebe."

Warum hat sich ihre finanzielle Situation nicht verbessert? Ihr Mann hat sich auf das Geld fixiert, das *nicht* da war, anstatt auf das Geld, das *da* war. Er war bereit, seine Rechnungen zu honorieren. Aber wenn du deine Rechnungen mehr honorierst als dich selbst, werden deine *Rechnungen* zunehmen. Wenn du *dich selbst* honorierst, nehmen deine *Finanzen* zu. Deswegen schlagen wir vor, zunächst 10 Prozent zur Seite zu legen. 100 Prozent ist offensichtlich für fast alle Menschen zu viel. Wenn du in der Lage bist, 10 Prozent deiner Einnahmen für dich selbst zur Seite zu legen, wird sich deine finanzielle Lage verbessern, weil du vielleicht vorher gar nichts zur Seite gelegt hast.

Der Raum des Geldes

Geld ermöglicht es dir, Raum zu haben. Menschen, die Geld haben, haben viel Raum um sich herum – große Häuser und große Büros und geräumige Sitze im Flugzeug.

Einige Menschen haben eine sogenannte „Raum-Phobie". Sie fühlen sich mit Raum nicht wohl, sie versuchen immer, ihn zu füllen. Sie tun dies, indem sie denken, essen, dramatisieren, fühlen oder eine neue Beziehung kreieren, die für sie nicht funktioniert. Warum tun sie das? Damit sie sich „normal" und wie alle anderen fühlen können.

Die Menschen tun dies auch mit Geld. Sie möchten den Raum nicht haben, den zusätzliches Geld kreiert. Sie möchten die Angst haben, oder sie möchten die Armut haben, was die Dichte kreiert, anhand derer sie wissen, dass alles „real" ist.

Wir suchen nach dem Raum des Geldes – den Raum, in dem du weißt, dass du Geld hast, in dem du nach dem suchst, was verfügbar ist. Wenn du weißt, dass du Geld hast, was wirst du wählen? Es gibt für jeden von uns einen bestimmten Geldbetrag, von dem wir wissen, dass wir ihn haben müssen, damit wir uns wirklich sicher fühlen.

- Was würde es brauchen, damit du weißt, dass du Geld hast?
- Was stellt Geld für dich dar?

Unsere Freundin Simone hat einen Kurs über Geld gegeben und die Teilnehmer gefragt: „Wie viel Geld müsstet ihr haben, um zu wissen, dass ihr Geld habt?" Jemand antwortete: „Achttausendfünfhundert Dollar im Monat." Vielleicht hat ein anderer Teilnehmer gedacht: „Ich bin wohl besser dran, als ich dachte, denn ich verdiene jetzt schon mehr als das."

Es ist für jeden anders. Wie sieht es mit dir aus? Wie wird deine Realität mit Geld kreiert? Es ist deine Ansicht, die deine Realität kreiert – und *nicht* etwa deine Realität, die deine Ansicht kreiert. Wenn du denkst, dass 8.500 $ pro Monat viel Geld ist, wirst du dir nur erlauben, weniger zu haben, anstatt das *Mehr*, das vielleicht möglich ist. Du wirst nicht fragen: „Was kann ich sonst noch haben?"

Geld nutzen, um eine Zukunft zu kreieren

Ein Kursteilnehmer fragte uns einmal: „Ich wurde beschuldigt, viel Geld auszugeben. Was bedeutet es, auszugeben?"

„Mir wird oft gesagt, dass ich zu viel ausgebe", antwortete Gary, „aber ich *gebe* kein Geld *aus*. Ich *nutze* Geld, um eine Zukunft zu kreieren. Ich kaufe Dinge wie Antiquitäten und Schmuck und weiß, dass ich eine Zukunft kreiere, in der ich Wohlstand und Geld habe. Ich weiß, dass ich Geld ausgebe, um eine Zukunft zu kreieren."

Du musst es dir anschauen und fragen: *Was bedeutet es für mich, wenn ich Geld ausgebe? Welches Zukunftspotenzial haben meine Käufe?*

Wenn du in Erwägung ziehst, Geld für etwas auszugeben, musst du fragen, was das für die Zukunft kreiert. Sagen wir einmal, du installierst in deinem Haus eine neue Heizung. Das ist eine Notwendigkeit. Nimmst du die beste Heizung, die du finden kannst, oder die billigste? Wenn du die beste wählst, kreierst du eine Zukunft, in der es dir immer noch gut geht, wenn es wirklich kalt wird.

Oder sagen wir, du verlegst einen neuen Fußboden. Kaufst du den besten und schönsten Boden oder kaufst du einen, der ganz in Ordnung ist und viel weniger kostet? Viele Menschen sagen: „Ich würde den weniger teuren Fußboden wählen."

Aber ist der Fußbodenbelag nicht genauso notwendig wie die Heizung? Was ist deine Rechtfertigung? Denkst du, ein teurer Boden sei Luxus? Du hast einen schönen Fußbodenbelag als Luxus definiert und bist nicht bereit, Geld für den Luxus in deinem Leben auszugeben. Du gibst nur Geld für die Notwendigkeiten aus, die dich am Leben erhalten. Viele Menschen haben diese Ansicht. Sie denken, es sei falsch, Geld für Annehmlichkeiten auszugeben. Aber wenn du nicht bereit bist, Geld für den Luxus im Leben auszugeben, dann bist du nicht bereit zu glauben, dass du Luxus verdienst. Deshalb wirst du ihn nie in deinem Leben kreieren. Wie kreiert das eine Zukunft, in der du Wohlstand und Luxus hast?

Stelle eine Forderung

Vor vielen Jahren, als Gary verheiratet und seine Frau mit ihrer Tochter schwanger war, haben sie nicht genug Geld verdient. Im Alter von 49 Jahren war Gary nicht in der Lage, die Rate für ihr Haus zu bezahlen und musste von seiner Mutter 4.900 Dollar leihen, um ihr Haus nicht zu verlieren.

Gary denkt an diese schwierige Zeit zurück: „Die Einstellung meiner Frau war, dass sie nicht weniger ausgeben, sondern dass ich mehr verdienen musste. Ich habe mich selbst so bewertet, dass *ich nur dann etwas wert bin, wenn ich genug verdiene*, also habe ich gearbeitet, um so viel Geld wie möglich zu verdienen. Aber es war nie genug. Meine Mutter um Geld bitten zu müssen, war der peinlichstes Moment meines Lebens."

Er schwor sich, nie wieder seine Mutter um Geld bitten zu müssen. Als er das nächste Mal eine Rechnung nicht bezahlen konnte, verkaufte Gary ein antikes Möbelstück, um die 1.400 Dollar zu bekommen, die er brauchte, um die Rechnung zu bezahlen. Seiner Ansicht nach war das eine pragmatische Lösung, aber das verkaufte Objekt war eine der Lieblingsantiquitäten seiner Frau, die ihm nie verziehen hat, dass er es verkauft hat. Sie war nur bereit, sich die Situation so anzuschauen, wie sie sie haben wollte.

Schließlich hat Gary es verstanden. Er stellte eine Forderung: „Dies wird nie wieder passieren. Wir werden Geld haben." Diese Forderung hat alles verändert.

Eine Forderung zu stellen heißt, bereit zu sein, *alles Mögliche zu tun*, um etwas zu verändern. Damit sagt man: „Ich werde so nicht mehr weiterleben. Egal, wie es aussieht und was erforderlich ist, ich werde das verändern!" Du kannst gleich nach der Forderung eine Frage stellen: „Was braucht es, damit ich das haben kann?" Mit der Forderung und der Frage bittest du das Universum, dir beizutragen – und das wird es tun.

Susanna ist mit ihrer finanziellen Situation immer sehr zweckorientiert umgegangen, bis sie davon erfuhr, dass sie Forderungen stellen kann. Sie hatte immer ausreichend Geld gehabt, um ihre Rechnungen zu bezahlen. Ihre Ansicht war: „Warum sollte ich mehr Geld haben, als ich benötige? Wo liegt da der Sinn?" Dann fing sie an, bei Access Consciousness zu arbeiten. Zum ersten Mal in ihrem Leben verstand sie den Wert von Geld mit Blick darauf, die Welt verändern zu können. Sie verstand, dass man Geld benötigt, um etwas in die Welt zu bringen. Sie sah, dass Geld erforderlich war, um ein Buch zu veröffentlichen, eine Webseite zu kreieren und zu Workshops zu reisen. Sie stellte die Forderung an sich selbst, mehr Geld zu haben, als sie benötigte, und ihr Leben hat sich komplett verändert.

Es kann sich bei allem, was du tust, um das Bewusstsein drehen, das du damit kreierst. Wenn du eine Zukunft kreierst, Geld ausgibst oder eine Forderung stellst, geht es immer um das Bewusstsein, das du kreieren wirst. Wenn du dir anschaust, was du in der Welt kreieren möchtest, ist es eine Möglichkeit, zu fragen: „Was kann ich tun, um mehr von dieser Realität zu haben?" Wir schlagen allerdings vor, eine andere Frage zu stellen: „Was kann ich tun, das zu mehr Bewusstsein beiträgt?"

Wie wird deine Realität mit Geld kreiert?
Es ist deine Ansicht, die deine Wirklichkeit kreiert.
Es ist nicht deine Realität, die deine Ansicht kreiert.

8

DIE LEICHTIGKEIT UND
FREUDE DES LEBENS

Einige Menschen sehen in allen Dingen um sie herum Gelegenheiten. Wir kennen beispielsweise eine Immobilienhändlerin, die ein wunderbares Gespür dafür hat, wie man Geld kreiert. Sie sagte uns, sie könne es kaum erwarten, Menschen zu finden, die die gleiche Einstellung zur Kreation von Geld haben.

Gary fragte sie: „Glaubst du wirklich, dass es Menschen gibt, die die gleiche Einstellung zur Kreation von Geld haben wie du? Glaubst du wirklich, dass das wahr ist?

Die Immobilienhändlerin sagte: „Wenn ich mit Leuten spreche, sage ich: ‚Wir können diesen einen Deal machen und damit

50.000 Dollar verdienen. Wir brauchen keine fünf unterschiedlichen Deals abzuschließen, um so viel Geld zu verdienen.' Aber die meisten meiner Kunden sind nicht in der Lage zu sehen, dass das möglich ist."

„Du hast die Fähigkeit, Möglichkeiten zu sehen, die andere Menschen nicht sehen können", sagte Gary zu ihr. „Du möchtest kreieren – und zwar etwas Großes."

„Das stimmt", antwortete die Immobilienhändlerin. „Manchmal arbeite ich mit Menschen, die zufrieden mit einer Rendite von 12 Prozent auf ihre Investitionen sind. Wenn ich anfange, in größeren Dimensionen zu sprechen, können sie das gar nicht begreifen."

Diese Immobilienhändlerin versucht, den Menschen eine Realität zu vermitteln, die für sie einfach nicht existiert. Für die meisten Menschen gibt es einen bestimmten Geldbetrag, und wenn sie diesen Betrag haben, egal, wie hoch er für sie sein mag, denken sie, sie müssten nicht weiter kreieren. Sie denken, dass sie immer überleben können. Ist dir das genug?

- Wie wäre es, jemand zu werden, der fragt: „Warum sollte es mir jemals reichen, einfach nur zu überleben?"
- Bist du nicht bereit anzuerkennen, dass du in der Lage bist, einen derart großen Erfolg zu haben, dass ihn sich andere Menschen nicht einmal vorstellen können?
- Was, wenn du immer wüsstest, dass du, wenn du morgen noch einmal von vorne anfangen müsstest, immer erfolgreich wärst, egal, wohin du gehst, egal, was du tust?

Viele von uns sind mit einer zweckorientierten Ansicht aufgewachsen. *Zweckorientiert* bedeutet funktional, nützlich, praktisch, schlicht und vernünftig – natürlich immer in Bezug auf diese Realität. Zweckorientiert bedeutet, niemals mehr zu haben, als du verarbeiten kannst. Es bedeutet, immer gerade genug zu haben. Nichts kann verschwendet werden und nichts gibt es im Überfluss. Wurde dir beigebracht, dass du eine zweckorientierte Einstellung haben solltest?

Zweckorientiert bedeutet, einen Kartoffelsack zu tragen. Du würdest natürlich großartig in einem Kartoffelsack aussehen, aber Seide wäre definitiv besser.

Als Susanna anfing, ausreichend Geld zu kreieren, um die Welt zu bereisen und Workshops zu geben, flog sie immer in der Touristenklasse. Ihre Ansicht war: „Das ist gut genug. Wer braucht schon die Businessklasse?" Sie ist nicht einmal auf die Idee gekommen, *nicht* Economy zu fliegen. Es war nichts, was sie sich gewünscht hätte. Auf langen Flügen konnte sie sich häufig eine nicht besetzte Reihe in der Touristenklasse sichern und sich hinlegen, und damit war sie glücklich.

Eines Tages wurde ihr ein Upgrade auf die Businessklasse angeboten, als sie nach einem „Pragmatische Psychologie"-Kurs von Pretoria, Südafrika, zurück nach Europa flog. Ihre erste Reaktion war: „Das brauche ich nicht." Dann hielt sie kurz inne. Nach einem Moment fragte sie: „Auch wenn ich das nicht *brauche*, was würde es kreieren, wenn ich es wählte?"

Ihre Welt erstrahlte. Plötzlich nahm sie die Freude wahr, die ein Upgrade auf die Businessklasse in der Gegenwart und in der Zukunft kreieren würde. Als sie sich in ihren geräumigen Sitz in der

Businessklasse setzte, spürte sie, wie sich ihre ganze Welt ausdehnte und sich ihre Zukunft veränderte. Sie verstand, dass es eine Sache ist, das zu tun, was man *braucht*, aber wenn man wählt, was einem selbst und seinem Körper *Freude* und hedonistischen Genuss bringt, erweitert sich seine Welt mehr, als man sich vorstellen kann.

Der Planet ist hedonistischer und üppiger, als wir uns es vorstellen können.

Vielleicht hast du die Lüge abgekauft, dass Opulenz, Hedonismus und Dekadenz nicht gleichzeitig mit Nachhaltigkeit auf dem Planeten existieren können. Schau dir dieses Konzept einmal an. Ist es wahr? Wie hedonistisch ist der Planet? Wie viel Fülle hat er?

- Die Erde ist unglaublich produktiv. Dieser Planet ist hedonistischer und üppiger, als wir uns es vorstellen können. Wenn genug Wasser vorhanden ist, bringt die Erde mehr Samen hervor. Und wenn du genug Geld hast, bringst du mehr Möglichkeiten hervor.
- Handelst du so, als gebe es einen Mangel in dir, den du ausgleichen musst?
- Wie viel Energie wendest du auf, um den Mangel in dir zu kreieren, den du immer versuchst zu füllen, sei es mit einer Beziehung, Essen oder Gedanken?
- Füllst du ständig deinen Kopf mit Gedanken? Und dein Herz mit Gefühlen?

Was würdest du tun, wenn dein Leben totale Leichtigkeit wäre?

Die meisten Menschen denken, sie müssen ein Problem in ihrem Leben haben, das es zu lösen gilt. Sie können sich nicht vorstellen, was sie tun würden, wenn ihr Leben totale Leichtigkeit wäre. Was würdest du tun, wenn dein Leben totale Leichtigkeit wäre? Wir haben diese Frage während eines Kurses gestellt.

Eine Frau sagte: „Die Antwort, die ich bekommen habe, war: ‚Ich würde Spaß haben.' Aber ich weiß nicht, was das bedeutet."

Denke über das nach, was sie gesagt hat: „Ich würde Spaß haben, aber ich weiß nicht, was das bedeutet." Das beinhaltet, dass sie keinen Spaß haben *kann*, weil sie nicht weiß, was das bedeutet. Stattdessen kann sie nur Probleme haben, so dass sie immer etwas hat, das sie überwinden kann.

Bist du mit einer derartig zweckorientierten Ansicht aufgewachsen? Hast du dich ihr angeglichen und ihr zugestimmt? Wärst du daran interessiert, damit anzufangen, dies mit „Interessante Ansicht, dass ich diese Ansicht habe" aufzulösen?

Kannst du alles haben, was du dir wünschst?

Als Kind war Susanna eine Prinzessin. Es gibt zwei Arten von Prinzessin: Eine Prinzessin, deren Leben wie ein Märchen aussieht, in dem alles genau richtig ist, und die Prinzessin, die weiß, dass sie alles haben kann, was sie sich wünscht. Wir sprechen hier über die zweite Art von Prinzessin, diejenige, die weiß, dass sie alles haben kann, was sie sich wünscht.

Susannas Eltern haben ihr gezeigt, dass alles möglich ist und dass sie alles tun konnte, was sie wollte. Das war eine sehr große Güte ihr gegenüber. Sie wuchs in der Gewissheit auf, dass jedes Molekül im Universum bereit war, ihr beizutragen, wenn sie es nur wählte.

Im Gegensatz dazu glaubten Garys Eltern an die Richtigkeit harter Arbeit. Sie haben ihn als Bettelknaben großgezogen – als jemanden, der nichts hat, aber weiß, dass er etwas bekommen kann, wenn er hart genug arbeitet. Sie haben versucht, ihn zu überzeugen, dass er zwar alles *tun*, aber nicht alles *haben* kann.

Viele Eltern tun das. Sie sind überzeugt, dass harte Arbeit das kreiert, was man sich wünscht, also motivieren sie ihre Kinder, hart zu arbeiten. *Schlaue* Arbeit ist gar kein Teil ihrer Realität. Pragmatisch zu sein ist es auch nicht. Wie wurdest du erzogen? Egal wie, du musst immer fragen:

- Welcher Teil meiner Erziehung ist tatsächlich wahr und real für mich?
- Welcher Teil meiner Erziehung ist eigentlich eine Lüge?

Nutzt du deine Vergangenheit als Grund und Rechtfertigung, dafür, dass du keine Wahl hast? Oder wählst du stattdessen zu fragen: „Welchen Teil hiervon kann ich nutzen, und wie kann ich ihn nutzen?" Das wäre die Freude des Gewahrseins.

Wenn du Fragen stellst, hast du ein Gewahrsein unterschiedlicher Richtungen, in die die Zukunft gehen könnte. Du musst Fragen stellen, egal, ob es um dein Business oder eine Beziehung oder irgendetwas anderes geht – so dass du anfängst, deinem Wissen zu vertrauen. Die meisten Menschen tun das nicht. Sie gehen direkt in Schlussfolgerungen, was sie aus der Produktivität und Kreation heraus und in die Abstumpfung dieser Realität hineinbringt.

- Glaubst du an harte Arbeit und machst ganz viel davon?
- Warst du schon immer schlauer, als deine Eltern es wollten?

- Bist du bereit, das Geschenk der Bereitschaft, Geld zu haben, zu empfangen?
- Glaubst du, dass es einen einfacheren Weg geben muss?

Wenn du nicht bereit bist, über die Ansichten deiner Eltern über Geld hinauszuwachsen, akzeptierst du, dass das, was sie in Bezug auf Geld entschieden haben, wahr und real ist.

Das Gespür von Wollen oder Mangel

Bist du bereit anzuerkennen, dass Geld überall ist und dass es keine Knappheit gibt? Es sind die Menschen, die glauben, dass es eine Knappheit an Geld gibt, die einen Mangel kreieren, um zu beweisen, dass sie in ihrer Begrenzung recht haben. Dadurch stellen sie sicher, dass Möglichkeiten keine Realität für sie sind. Die meisten Menschen sind nicht bereit, Möglichkeit als eine Realität zu haben. Sie sind nur bereit, die Möglichkeit als Traum, Wunsch oder Begehren zu haben – als einen Stern, auf den sie sich verlassen können. Sie handeln aus einem Empfinden heraus, dass sie *Mangel haben*.

Menschen, die aus einem Empfinden von Mangel heraus agieren, beweisen, dass sie einen Mangel haben und mit ihrem Mangel richtig liegen. Eine Frau, mit der wir gearbeitet haben, hatte einen Mann, der dies tat. Sie fragte: „Was muss ich ihm sagen, damit er mehr kreiert?" Wir haben vorgeschlagen, dass sie ihn in seinem Mangel *bestätigt*, anstatt zu versuchen, ihn zu ändern. Die Frau sagte uns, sie habe genau das Gegenteil gemacht: „Ich habe versucht, ihm die Möglichkeiten aufzuzeigen", sagte sie, „aber es scheint so, als wolle er das nicht."

Sie hatte recht. Er wollte die Möglichkeiten nicht. Er hatte bereits entschieden, dass die Realität ist: „Ich werde Mangel haben." Wir können Menschen nicht dazu bringen, sich zu ändern. Wir können ihre Realität akzeptieren, während wir unsere eigene Realität leben und mehr Möglichkeiten kreieren.

Wollen ist kein reales Wort.

Wenn du in einer Familie aufgewachsen bist, die Geld hat, ist *wollen* kein reales Wort. Es ist ein künstliches Wort, ein vorgetäuschtes Wort, ein Wort, das nicht wirklich existiert. Familien, die sich dem *Mangel* oder *Wollen* nicht widmen, legen häufig Lippenbekenntnisse ab. Vielleicht sprechen sie über *Wollen*, als ob es wahr sei, aber sie glauben nicht wirklich daran.

Wenn du in einer Familie aufgewachsen bist, die *Mangel hat*, dreht sich dein ganzes Leben um das, woran du Mangel hast. Du machst *Wollen* und *Mangel* wahr. Du hast die Ansicht, dass du Mangel haben musst, um zu empfangen. Deine Motivation, etwas zu kreieren, entspringt deinem Mangel. Du gehst davon aus, dass du Mangel hast, wenn du nicht denkst, dass du die Quelle für die Kreation von Geld bist.

So viele Menschen können ganz wunderbar kreieren. Sie kreieren das, was für sie funktioniert oder was mehr kreiert, aber sie kehren auch häufig zu einem Gefühl von Mangel zurück. Sie haben noch nicht erkannt, wozu sie in der Lage sind und was sie kreieren.

Was hast du noch nicht anerkannt, wozu du tatsächlich in der Lage bist?

Die eben erwähnte Immobilienhändlerin kreiert enorme Geldbeträge mit Immobilien. Sie *macht* kein Geld, sie *kreiert* es – und sie erkennt an, dass sie das tut. Es ist von großem Nutzen, anzuerkennen, was du kreierst.

Viele Menschen tun das nicht. Sie haben die Ansicht: „Wenn ich diese Information im Internet poste, wenn ich diesen Kurs bewerbe, wenn ich diese Sache in die Welt bringe, wenn ich all diese Sachen mache, dann reicht das." Aber es reicht nicht. Es geht nicht nur darum, Informationen zu posten, einen Kurs zu bewerben oder etwas in die Welt zu bringen. Es geht um Kreation und darum, zu erkennen, wozu du in der Lage bist. Was hast du noch nicht anerkannt, wozu du tatsächlich in der Lage bist? Das ist eine Frage, die du in deinem Universum hochheilig machen musst: „Was habe ich noch nicht anerkannt, wozu ich tatsächlich in der Lage bin?"

Die Kreation feiern

Der Trick hierbei ist, wie leicht es ist, alles anzuerkennen, was du bist und was du kreiert hast. Wie geht das? Du schaust dir das an, was du kreiert hast, und sagst: „Das habe ich kreiert! Das ist wirklich schön." Du könntest eine riesige Party feiern, aber du bist nicht mit dabei. Du stehst draußen auf der Straße und fragst: „Wann lädt mich jemand ein?"

Du denkst, du möchtest, dass die Menschen dich sehen, dich hören, sich um dich kümmern und dich lieben. Du *denkst*, du möchtest all das – anstatt zu merken, dass du, wenn du die Kreation feierst, von ihr so intensiv gefordert wirst, dass du in die tiefsten, dunkelsten Tiefen deiner Realität greifen musst, um Dinge zu kreieren und zu wählen, die du noch nie zuvor gemacht hast.

Aber das machst du nicht. Du versteckst dich vor dir. Du redest dir ein, dass du diese Fähigkeiten nicht hast ... aber auf welcher Grundlage? Warum machst du das? Wir alle haben die Fähigkeit, Dinge zu wählen, die andere Menschen nicht gewählt haben, aber wir erkennen sie häufig nicht an.

Wenn du gefordert wirst und es sich schwierig anfühlt, schau, was möglich ist. Frage:

- Was muss ich tun?
- Was muss ich abliefern?
- Was wird kreieren – und was nicht?

Denn du das tust, wirst du wissen, was genau was kreiert. Du wirst wissen, was durch jede Wahl kreiert wird. Und es ist egal, wohin du gehst. Die Richtung, die du wählst, ist nur eine Wahl. Du kannst wieder und wieder und wieder wählen.

Die Bewertung von Wohlstand kreieren

Wenn du Geld hast und auffällige Kleidung trägst, kann man sich leicht vorstellen, dass andere dich vielleicht bewerten. Kürzlich überlegte Gary, drei Ringe statt der üblichen zwei zu tragen. Der dritte Ring hat einen echt großen Diamanten. Er wusste, dass die Leute ihn anschauen und sagen würden: „Der Typ hat Geld" oder „Der Typ braucht diese Äußerlichkeiten, um sich selbst gut zu fühlen." Es wäre auf jeden Fall eine Bewertung. Und was würde diese Bewertung bewirken? Zwei Dinge: Erstens würde sie das verringern, was die Person, die bewertet, haben kann. Zweitens würde sie das steigern, was Gary haben kann – aber nur, wenn er keine Ansicht dazu hat. Und das ist der Knackpunkt: *wenn er keine Ansicht dazu hat.* Wenn du weißt, welche Bewertung du kreierst, bist du in dem Moment der Anführer.

Hast du schon einmal einen Raum betreten und gemerkt, dass du dich zusammengezogen hast und in die bewertende Welt einer anderen Person hineingegangen bist? Was dir vielleicht über Bewertung nicht bewusst ist: Wenn du die richtige Art von Bewertung in anderen Menschen kreierst, kannst du dadurch tatsächlich mehr Geld bekommen. Sie denken vielleicht: „Der Typ hat Geld" oder „Der Typ braucht all diese Äußerlichkeiten", aber sie bewerten nur, weil dieser Diamantring kein Teil der Realität der meisten Menschen ist. Wenn du die Bewertung von Wohlstand kreierst, wirst du wohlhabender, denn die Menschen wenden viel Energie auf die Tatsache auf, dass du wohlhabend bist. Mach dir klar, dass sie ihre Bewertung in eine *Tatsache* verwandeln.

Wenn Menschen dich bewerten, erkenne an, was sie tun. Sage: „Danke für die Bewertung." Es ist nichts falsch daran, bewertet zu werden. Es bedeutet nur, dass du mehr Geld machen kannst. Anstatt zu sagen: „Diese Person bewertet mich, und das ist falsch", fange an, dir anzuschauen, was wirklich real und wahr ist. Du musst bereit sein, die Dinge beim Namen zu nennen. Bewertungen sind Schlussfolgerungen, die darauf abzielen, Begrenzungen für dich zu kreieren. Du musst die Bereitschaft entwickeln, anzuerkennen, dass eine Bewertung nur eine Bewertung ist. Sie ist keine Realität. Und sie kann dir mehr Geld bringen!

Spielen kreiert viel mehr Geld als Arbeit.

Beschwerst du dich darüber, dass du arbeiten musst? Sagst du regelmäßig: „Oh nein, ich muss noch mehr arbeiten"? Die meisten Menschen arbeiten wirklich hart, und am härtesten arbeiten sie daran, zu versuchen, *nicht* sie selbst zu sein. Wir möchten dich gerne fragen: Bist du ein unendliches Wesen? Oder bist du ein endliches Wesen, das wirklich hart arbeiten muss, um irgendetwas im Leben zu erreichen?

Wir arbeiten gerne. Arbeit ist für uns wie Spielen. Wir genießen das, was wir tun, noch mehr als Urlaub – den finden wir eigentlich sogar ziemlich langweilig im Vergleich zu dem, was wir machen dürfen, wenn wir mit Menschen arbeiten.

Du musst lernen, mit dir und deinem Körper zu spielen. Du musst lernen, zu spielen, dass du Geld kreierst, und zu spielen, dass du arbeitest, und zu spielen, egal, was du tust. Beginne anzuerkennen, wie gerne du spielst und schau dir an, auf wie viele Arten du spielen kannst, um mehr Geld zu verdienen.

Als Susanna mit ihrem ersten Business anfing, hatte sie die Ansicht, dass dies bedeute, sie müsse jetzt immer hart arbeiten. Sie hatte aber noch nie an harte Arbeit geglaubt und begann nun, jede Minute mit irgendeiner Tätigkeit zu füllen, weil sie dachte, so könne sie sicherstellen, dass ihr Business kein Misserfolg ist. Nach einer Weile merkte sie, dass sie keinen Spaß mit ihrem Business hatte. Sie fragte sich: „Warum habe ich gewählt, ein Business zu kreieren?" Die Antwort war: „Aus Freude! Was muss ich also ändern, um wieder Freude im Business zu haben?"

Sie bemerkte, dass ihr ihre Ansicht über Arbeit im Weg stand. Sie bemerkte auch, dass diese Ansicht noch nicht einmal ihre eigene war. Sie hatte sie von vielen anderen Menschen in der Geschäftswelt übernommen.

Sie fragte: „Was weiß ich über Business?" Mit dieser Frage hat sich alles geändert. Sie begann, Business zu *spielen*, so wie sie als kleines Mädchen mit ihrem Einkaufsladen gespielt hatte. Sie hörte auf, das Business ernst zu nehmen und es „real" zu machen. Sie fing an zu fragen: „Was benötigt mein Business heute?" Sie begann, ihr Wissen darüber zu erweitern, wann es an der Zeit war, etwas zu unternehmen, damit sich etwas bewegte. Manchmal bedeutete das, dass sie jemanden anrief, manchmal, dass sie ihre E-Mails beantwortete, und manchmal galt es einfach, einen Spaziergang in der Natur zu machen oder auszureiten.

Clearing: Werde ein Spielgefährte des Bewusstseins

Was hast du nicht als wahr für dich anerkannt, das, wenn du es anerkennen würdest, dir erlauben würde, für alle Ewigkeit ein Spielgefährte auf dem Spielplatz des Bewusstseins und der Möglichkeiten zu sein? Alles, was das ist, zerstörst und unkreierst du das alles? Right and wrong, good and bad, POD and POC, all 9, shorts, boys and beyonds.

Das Leben als Spiel

Eine Kursteilnehmerin erzählte uns von ihren Eltern, die aus Russland stammten. Sie haben ihr immer gesagt, sie müsse Dinge mit ihrem Hintern erledigen – indem sie sich hinsetzt und ihre Hausaufgaben macht.

„Es gab kein Spielen", sagte sie. „Spielen war nur erlaubt, wenn ich gut in der Schule war."

Gary fragte: „Erkennst du nicht, dass die Schule das Spiel für dich war? Du hast gespielt, du seist eine fleißige Schülerin, aber du warst so schlau, dass du eigentlich nur hättest lächeln müssen, um eine Eins zu bekommen."

„Das stimmt", antwortete die Frau. „Ich war so gut in Physik, dass mein Lehrer, selbst wenn ich eine Klassenarbeit verhauen hatte, sagte: ‚Schreib die Arbeit noch einmal, denn ich weiß, dass du den Stoff besser kennst als sonst jemand in der Klasse.'"

Sie *gab vor*, Schule sei für sie kein Spiel. Das machen wir ständig. Wir geben vor, dass etwas schwer ist. In Wirklichkeit ist alles für uns ein Spiel. Das Leben ist ein Theater, das wir jeden Tag neu inszenieren. Wir sind die Dirigenten der Symphonie der Möglichkeiten.

Clearing: Werde ein Arrangeur des Bewusstseins

Welcher Arrangeur des Bewusstseins bist du, was du noch nicht anerkennt hast? Alles, was das ist, zerstörst und unkreierst du das alles? Right and wrong, good and bad, POD and POC, all 9, shorts, boys and beyonds.

Wenn du weißt, dass du der Wählende bist, erkennst du, dass *du* auch derjenige bist, der wählt, es dir schwer zu machen. Du erkennst, dass deine Ansicht deine Wirklichkeit kreiert.

Susanna arbeitete einmal mit einem Mann, der sagte: „Alles in meinem Leben läuft großartig – bis auf das Geld. Irgendwie kann ich kein Geld kreieren. Das ist der einzige Bereich, in dem ich Probleme habe. Ich habe es bisher auch nicht verändern können."

„Wer kreiert das?", fragte Susanna.

„Ich selbst."

„Worin besteht der Wert, es zu kreieren?"

„Hmmm ... Nicht in der Lage zu sein, Geld zu kreieren, scheint keinen Wert zu haben, aber jetzt, wo du fragst, erkenne ich, dass es etwas ist, das ich tun muss."

„Was liebst du daran, kein Geld zu haben?"

Der Mann lachte und sagte: „Wow, mir war nicht klar, dass ich es liebe, kein Geld zu haben." Er erkannte, dass er wählte, kein Geld zu haben, denn das definierte, wer er war. Solange er Geldprobleme hatte, wusste er, wer er war.

„Ich muss zugeben, dass ich mich leichter damit fühle", sagte er. „Ich erkenne, dass ich nur vorgebe, ein Bettelknabe zu sein."

Wie sieht es mit dir aus?

- Wer wärst du, wenn du keine Probleme hättest?
- Wie sehr hast du dich über deine Probleme definiert?
- Wärst du bereit, herauszufinden, wer du jenseits deiner Probleme bist?
- Ist es jetzt an der Zeit zu spielen?

Niemals genug Geld, aber immer zu viel, um es auszugeben

Eine Kursteilnehmerin erzählte uns, dass sie kürzlich eine neue Arbeitsstelle angenommen habe und nicht mehr Vollzeit arbeite, aber immer noch das gleiche Gehalt habe wie zuvor. Sie war zu der Schlussfolgerung gekommen, dass es gut war, Teilzeit zu arbeiten und genauso viel Geld zu verdienen. Aber sie hatte noch nicht gefragt:

- Was ist sonst noch möglich, das ich noch nicht in Betracht gezogen habe?
- Was ist es, das mich dahin bringt, dass ich zu viel Geld verdiene und nicht mehr arbeiten muss, als ich wirklich arbeiten möchte?

Jeder einzelne Bestandteil wird zur Wahl – die Arbeit, das Geld und die Zeit. Eine andere Teilnehmerin sagte: „Ich stelle Arbeit, Geld und auch Zeit gleich. Spätestens um 04:30 Uhr stehe ich auf, und ich arbeite so viel, dass ich immer müde bin. Was mache ich nicht?"

Sie versuchte, abzuwägen, was wem entspricht, anstatt zu fragen: „Was braucht es, um hier oder dort hinzukommen?" Oder: „Was würde ich heute gerne tun, um mehr Geld zu kreieren, als ich bewältigen kann?" Ernsthaftigkeit kreiert kein Geld. Was hatte diese Person so lebensnotwendig an der Ernsthaftigkeit des Lebens gemacht, was sie davon abhielt, die Freude und Leichtigkeit des Lebens zu haben?

Häufig hören wir von Teilnehmern etwas wie: „Ich habe Ersparnisse und Investitionen, aber es fühlt nicht so an, als wäre es genug." Erkennst du dich darin wieder? Du solltest Folgendes anstreben: Niemals genug Geld, aber immer mehr, als du ausgeben kannst. Es ist okay, wenn du es anfänglich etwas verwirrend findest. Dein Verstand kann es nicht logisch verarbeiten, denn es ist ein Geldbetrag, den man nicht berechnen kann. Wenn du versuchst, ihn zu berechnen, verringerst und begrenzt du ihn.

Frage: „Welche Energie, welcher Raum und welches Bewusstsein können mein Körper und ich heute sein, um ‚Niemals genug Geld, aber immer zu viel, um es auszugeben' zu generieren, zu kreieren und physisch zu verwirklichen?" Diese Frage bringt die Ansicht ins Universum, dass du den Geldbetrag nicht begrenzt, den zu haben du bereit bist. Es ist nie genug, also kann mehr kommen. Gleichzeitig hast du so viel, dass es unmöglich ist, alles auszugeben. Du sagst: „Ich brauche kein Geld, da ich schon mehr habe, als ich ausgeben kann, aber ich bin offen dafür, noch mehr zu empfangen."

Du musst die Ansicht verstehen, dass es nie genug gibt – denn das ist die Wahrheit. Für dich als Humanoiden ist niemals genug da. Gleichzeitig steht dir immer mehr zur Verfügung. Du hast mehr Möglichkeiten und mehr Wahl als andere Menschen. Du hattest schon immer mehr.

Wenn du also schon immer mehr hattest, welche Wahlen sind noch möglich? Diese Art zu sein steht im absoluten Gegensatz zu der zweckorientierten Ansicht dieser Realität und erkennt die unglaubliche Fülle des Planeten an, die dir offensteht, wenn du sie wählst.

Vielleicht hast du die Lüge abgekauft, dass Opulenz,
Hedonismus und Dekadenz nicht gleichzeitig
mit Nachhaltigkeit auf dem Planeten existieren können.
Schau dir dieses Konzept einmal an.
Ist es wahr?
Wie hedonistisch ist der Planet? Wie viel Fülle hat er?

9

DIE PRODUKTIVEN ELEMENTE DES LEBENS IN BEWEGUNG SETZEN

Das Wort *produktiv* bringt für viele Menschen eine Menge hoch, denn sie verstehen nicht, was *Produktion* bedeutet und was pragmatische Produktivität ist.

Wenn du etwas in der Welt kreierst, arbeitest du mit drei Elementen: Generieren, Kreieren und Instituieren. *Generierung* ist, wenn du die Idee hast. *Kreation* ist, wenn du diese Idee umsetzt. *Instituierung* ist die Produktion, die etwas kreiert. Produktion passiert da draußen in der Welt. Sie ist die Verwirklichung dessen, was vorher nicht existiert hat.

Wenn du bereit bist, pragmatisch produktiv zu sein, hast du die Idee (Generierung), setzt etwas um (Kreation) und setzt den Ablauf der Produktion in Gang (Institutierung). Dann zeigen sich Dinge in einer Geschwindigkeit, die für dich funktioniert. Sie passieren einfach und du weißt gar nicht wie. Du brauchst nicht zu versuchen, etwas zu kontrollieren. Du setzt die produktiven Elemente in deinem Leben in Bewegung, und sie entwickeln sich ganz von alleine weiter. Es ist so, wie wenn sich ein Zug in Bewegung setzt. Anfangs sieht man vielleicht gar nicht, dass er sich bewegt, und dann ist er plötzlich unterwegs.

Wenn du erst bereit bist, pragmatisch produktiv zu sein, läuft die Produktion immer weiter, auch wenn du nicht mehr aktiv involviert bist. So war Access zum Beispiel vor einigen Jahren in 47 Ländern vertreten. Heute sind es 171. Während Access wuchs, hat man uns gesagt, wir hätten nicht all die richtigen Schritte unternommen, die wir hätten unternehmen sollen, um es in die Welt zu bringen. Innerhalb von sechs Monaten haben wir unseren E-Mail-Verteiler von 70.000 auf 140.000 Menschen verdoppelt.

Hier ist ein anderes Beispiel: Als Gary „The Antique Guild", sein Antiquitätengeschäft in Brisbane, Australien, gegründet hat, dauerte es einige Jahre, bis es erfolgreich wurde – aber es wurde erfolgreich! Heute ist es als das zweitbeste Antiquitätengeschäft in Australien bekannt und ist auf dem besten Weg, das beste zu werden. Kürzlich eröffnete Gary einen zweiten Showroom in einem historischen Gebäude in einem anderen Stadtteil.

Genauso begann auch Pragmatische Psychologie als eine Frage in einem kleinen Raum in Schweden: „Was ist mit Psychologie sonst noch möglich, das wir bisher nicht in Betracht gezogen haben?" Später wurde das erste Buch über Pragmatische Psychologie veröffentlicht: *Dein Anderssein, deine Verrücktheit, dein Glück.* Es enthielt Erfahrungsberichte aus Susannas Arbeit mit Menschen in der psychischen Gesundheitsvorsorge.

Zu ihrer Überraschung wurde das Buch so gut aufgenommen, dass die Leute anfingen, nach mehr zu fragen. Es wurden Workshops kreiert, und Susanna wurde als Rednerin an unterschiedlichen Orten auf der ganzen Welt eingeladen. Das erste Zentrum für Pragmatische Psychologie wurde kürzlich in Wien eröffnet. Dort werden die Menschen für das anerkannt, was sie wissen, aber noch nie zum Ausdruck gebracht haben. Susanna wird inzwischen so häufig zu Konferenzen zum Thema psychische Gesundheitsvorsorge auf der ganzen Welt eingeladen, um über Pragmatische Psychologie zu sprechen, dass sie die Anfragen kaum bedienen kann. In dem Moment, als Susanna aufhörte, sich in ihre Kreationen einzumischen, blühten sie auf und haben ein Eigenleben entwickelt.

Produzieren oder Tun

Wenn wir mit den Leuten darüber sprechen, pragmatisch produktiv zu sein, fragen sie häufig: „Was ist der Unterschied zwischen *produzieren* und *tun?*" Beim *Tun* geht es darum, etwas zu erledigen. Es geht um Fertigstellung. Beim *Produzieren* geht es darum, eine fortlaufende Realität zu kreieren, der etwas zugefügt und von der etwas weggenommen werden kann. Produzieren kann Tun zwar umfassen, aber es muss nicht zwingend Tun sein.

Viele Menschen produzieren nur ungern. Wir warten auf eine Beziehung oder darauf, dass ein Schiff voller Reichtümer in den Hafen gesegelt kommt. Oder wir warten einfach nur, dass *irgendetwas* passiert. Wartest du auf irgendetwas und hast keine Ahnung, worauf?

Warte nie auf etwas! Was, wenn du, anstatt zu warten, zur produktiven Pistolenkugel des Bewusstseins würdest, die du wahrhaftig bist?

Eine produktivere Realität kreieren

Viele Menschen haben das Empfinden, dass sie in ihrem Leben nicht produktiv genug sind. Sie fragen sich, ob sie einfach geduldiger sein müssen.

Denk immer daran, dass wir Humanoide sind – Menschen, die die Möglichkeiten in der Welt sehen. Humanoide haben niemals das Gefühl, ausreichend produktiv zu sein, weil sie wissen, dass ihnen so viel mehr zur Verfügung steht. Das ist gut, kann aber auch eine recht herausfordernde Kehrseite haben: Egal, was sie tun oder schon getan haben, sie haben immer das Gefühl, nicht genug zu tun. Ihr Mantra ist: „Ich tue nicht genug." Wenn du aus „Ich tue nicht genug" „Was ist sonst noch möglich?" machen würdest, würdest du eine noch produktivere Realität kreieren. Fange an zu fragen:

- Was kann ich sonst noch produzieren?
- Was kann ich sonst noch tun?
- Was kann ich sonst noch sein?

Warte nie auf etwas!
Was, wenn du, anstatt zu warten, zur produktiven Pistolenkugel
des Bewusstseins würdest, die du wahrhaftig bist?

10

PRAGMATISCHE BEZIEHUNGEN

Wenn wir mit den Leuten darüber sprechen, eine andere Möglichkeit auf diesem Planeten zu kreieren, sagen sie häufig, dass sie nach *jemandem* suchen, mit dem sie etwas aufbauen können. Sie fühlen sich abgestumpft und glauben, dass sie erst in der Lage sind zu kreieren, wenn sie eine ganz bestimmte Person finden, mit der sie zusammenarbeiten können.

Viele Frauen kaufen beispielsweise die Lüge ab, dass es finanziell etwas für sie kreiert, wenn sie mit einem Mann zusammen sind. Diese Realität propagiert das Konzept, dass, wenn du deine zweite Hälfte nicht gefunden hast, wenn du keinen Hund hast, wenn du keine Katze hast, wenn du keine Kinder hast, wenn du keinen Jägerzaun um dein Haus hast ..., dass dir dann etwas Gutes fehlt. Eine der größten

Veralberungen dieser Realität ist das Konzept, dass wir eine Beziehung mit einem Mann oder einer Frau *brauchen*, um vollständig zu sein.

Wir kaufen dieses Konzept nicht ab. Warum? Weil wir alle unendliche Wesen sind. *Du bist* ein unendliches Wesen. Denke einmal darüber nach. Unendliche Wesen sind nicht erst vollkommen, wenn sie eine Beziehung haben. Unendliche Wesen werden vollkommen, indem sie sich selbst unendlich machen.

Der Versuch, dich selbst in eine Beziehungsschublade zu stecken

Es ist eine von der Gesellschaft kreierte Lüge, dass dir etwas fehlt. Es ist eine Lüge, dass du nicht ganz alleine großartig sein kannst. Eine Lüge kreiert eine Situation, in der keine Wahrheit instituiert werden kann und keine Veränderung möglich ist. Wenn du dich selbst belügst, schneidest du dich ins eigene Fleisch. Du bewegst dich im Kreis und schneidest dich immer tiefer. Was, wenn du stattdessen eine andere Möglichkeit kreieren würdest?

Das Paradigma einer Beziehung auf diesem Planeten hatte für Susanna noch nie funktioniert. Ihre Ansicht war: „Wenn Beziehung etwas ist, wo man Teile von sich selbst kompromittiert, um in die Schublade der Beziehung zu passen, nur um sich dann immer weiter voneinander zu entfernen, bin ich daran nicht interessiert!"

Die Gesellschaft hat jedoch eine andere Vorstellung. Wenn du nicht in einer Beziehung bist, wirst du dafür falsch gemacht. Susanna bekam Sachen zu hören wie: „Eines Tages findest du auch jemanden, mach dir keine Sorge." Obwohl ihr klar war, dass das Paradigma von Beziehungen in der Realität nichts für sie ist, bemerkte sie, dass sie sich schleichend falsch dafür machte, keine Beziehung zu haben.

Sie bemerkte, dass sie auf das schaute, was sie gemäß dieser Realität haben *sollte*, und nicht auf das, was sie sich wirklich *wünschte*. Der Versuch, so zu ein wie andere Menschen, machte sie „richtig", aber er machte sie auch unglücklich – und das reichte ihr nicht. Sie fing also an, sich ihre Wünsche zu erlauben, auch wenn sie laut dieser Realität „nicht richtig" waren. Sie fragte sich:

- Was wünsche ich mir wirklich?
- Wer oder was wäre wirklich nährend für mich?
- Was kann ich empfangen, wovon ich niemals dachte, dass ich es empfangen könnte?

Sie fing an, das, was *sie* sich wünschte, wertvoller zu machen als das, was in dieser Realität wünschenswert ist. Was sich dann zeigte, war komplett anders als das, was sie erwartet hatte. Das Universum schenkte ihr einen etwas anderen Gefährten, als Gary sie fragte, ob sie eines seiner Pferde kaufen wolle. Ein Pferd! Das Pferd passte genau zu der nährenden Energie, die Susanna sich zu dieser Zeit gewünscht hatte, und alles dehnte sich aus, als sie es ihrem Leben zufügte.

Wie unser Kollege Dr. Dain Heer immer sagt: Nichts zeigt sich so, wie du es erwartet hast. Eines Tages ist Susanna in einem Hotel buchstäblich mit jemandem zusammengestoßen, der dann später der unerwartete Mann in ihrem Leben wurde. Genau wie ihr geliebtes Pferd passte er genau zur Energie des Nährens und Ausdehnens, um die sie gebeten hatte.

- Was, wenn Beziehungen (engl. relationships) *Creationships* (kreative Beziehungen) wären, mit denen du Spaß haben kannst?
- Was ist heute möglich für dich, das gestern nicht möglich war?

Eine Beziehung, die wirklich für dich funktioniert

In einer großartigen Beziehung erzeugen die Menschen etwas, was in dieser Realität normalerweise nicht existiert. Sie bringen etwas hervor, dass nach den Maßstäben anderer Menschen nicht existiert.

Aber wenn du in der Abstumpfung dieser Realität feststeckst, wirst du durch Form, Struktur und Signifikanz sowie durch das Konzept begrenzt, wie alles auszusehen hat. Sei dir bitte bewusst, dass Form, Struktur und Signifikanz zu den größten Begrenzungen gehören, die dich davon abhalten, das zu kreieren, was möglich ist – nicht nur in Beziehungen, sondern in allem, was du tust.

Es gibt unendliche Möglichkeiten, eine Beziehung zu kreieren. Aber wenn du eine Beziehung haben möchtest, die wirklich pragmatisch ist, also eine Beziehung, die wirklich für dich funktioniert, dann musst du Fragen stellen. Du musst fragen:

- Was gibt es da draußen?
- Was wird mir hier gezeigt?
- Was funktioniert wirklich für mich?
- Was ist hier möglich, das ich noch nicht einmal in Betracht gezogen habe?

Du musst dir genau anschauen, was für dich funktioniert. Viele Menschen fragen: „Was soll ich tun, wenn ich das Gewahrsein habe, dass etwas in meiner Beziehung nicht für mich funktioniert?" Wir empfehlen eine einfache Frage: „Was würde *ich* gerne tun?" Sobald du in die Frage gehst, öffnest du Türen, von denen du nicht einmal wusstest, dass es sie gab.

Das ist ganz anders als das, was man uns in dieser Realität beibringt. Uns wird beigebracht, was existiert und was nicht. Uns wird beigebracht, was getan werden kann und was nicht. Uns wird beigebracht, was möglich ist und was nicht. Und trotzdem hast du alles, was du getan hast – und was wirklich brillant war –, nicht auf Basis dessen getan, was dir *beigebracht* wurde. Du hast es aus einer *Wahl* heraus getan, und das lag wahrscheinlich deutlich außerhalb der Realitäten andere Menschen.

Werkzeug: Funktioniert das für mich?

Eine Frau erzählte, dass ihr Freund ihr immer sagte, dass sie über ihn hinauswachsen würde und etwas Besseres verdient hätte. Sie sagte: „Gleichzeitig macht er aber keine Anstalten, sich zu verändern."

Gary sagte ihr, was er darüber dachte: „Dein Freund versucht, dich dazu zu bringen, ihm zu beweisen, dass du ihn nicht verlassen wirst, dass du nicht über ihn hinauswachsen wirst, dass du ihn nicht verlassen wirst. Und das ist keine Kontrolle. Oder? Er kontrolliert dich. Ich möchte dir eine Frage stellen: Möchte er sich ändern?"

„Nein."

„Wenn du etwas Großartigeres als das haben möchtest, was du im Moment hast", sagte Gary, „musst du dich fragen: ‚Bin ich bereit, ihn zu verlassen, weil er sich weigert, sich zu ändern und großartiger zu werden?' Du kaufst die Ansicht ab, dass er etwas verlieren wird, wenn du ihn verlässt. Aber ist das wahr? Er ist nicht bereit zu kreieren und großartig zu werden. Ist das die Person, mit der zu zusammen sein möchtest? Es klingt so, als würde er dich manipulieren."

Susanna fragte die Frau, ob die Beziehung für sie funktioniere.

Sie antwortete: „Ich weiß es nicht. Manchmal treibt er mich in den Wahnsinn."

„Na dann", sagte Gary, „sei einfach bereit, weiterzuziehen, wenn die Zeit dafür gekommen ist. Wenn dir ein Mann begegnen würde, der genauso gut im Bett ist und viel mehr Geld hätte, würdest du diesen Mann verlassen? Wahrheit? Nein! Du würdest sagen: ‚Oh, ich möchte ihn nicht verletzen!'"

Wie wäre es, wenn du in deinen Beziehungen pragmatisch würdest?

Versuchst du zu vermeiden, die Menschen zu verletzen, die versuchen, dich davon abzuhalten, du selbst zu sein? Versuchst du, Ereignisse zu vermeiden, von denen du bereits weißt, dass sie passieren werden?

„Funktioniert das für mich?" ist eine kraftvolle Frage. Anstatt sie zu stellen, versuchen wir jedoch, eine Schlussfolgerung oder ein Ergebnis zu erzielen. Wir fragen: „Was *soll* ich tun?" oder „Wie *sollte* das aussehen?" Wir versuchen, Elemente dieser Realität zu institutieren, anstatt die Freude des Gewahrseins zu haben und zu fragen, ob etwas wirklich für uns funktioniert.

Wie wäre es, wenn du in deinen Beziehungen pragmatisch würdest? Wie wäre es, wenn du fragtest: „Bin ich bereit, Spaß damit zu haben? Ja. Prima." Mit dieser Freude des Gewahrseins wirst du wissen, was sonst noch möglich ist, wenn sich eine andere Möglichkeit eröffnet.

Der Versuch, jemanden glücklich zu machen

Einige Menschen haben die Ansicht, dass ihr Partner oder ihre Partnerin das tun muss, was sie möchten, damit die Beziehung funktioniert. Wenn der Partner diese Vorstellung abkauft, wird er immer weniger er selbst, um den anderen glücklich zu machen. Der Versuch, jemanden glücklich zu machen, ist eine der größten Dummheiten, in die wir uns einkaufen. Warum? Weil man andere Menschen nicht glücklich machen kann! Die Menschen müssen sich selbst glücklich machen.

Und mit wem hättest du es überhaupt zu tun, wenn du jemand anderen glücklich machen wolltest? Mit einem unglücklichen Menschen. Dies ist ein Beispiel für pragmatisches Wissen. Wenn du weißt, dass du jemanden glücklich machen willst, dann ist die Person, die du wählst, ein unglücklicher Mensch. Möchtest du das?

Dein Gewahrsein kreiert einen Ort, an dem du nie allein bist

Wartest du auf jemanden, der die Zukunft für dich validiert? Wartest du auf jemanden, der die Zukunft sieht, die du auch siehst, anstatt ein Mensch zu sein, der eine Zukunft für sich selbst sieht und sie gestaltet? Viele Menschen nennen das „mit jemanden zusammen kreieren". Du sagst: „Ich möchte jemanden, mit dem ich die Zukunft kreieren kann." Das ist gegenseitige Abhängigkeit anstatt gemeinsame Kreation.

Viele Menschen versuchen, das Alleinsein zu vermeiden. Es fällt ihnen schwer, allein zu sein. Sie sagen: „Oh, ich bin so einsam!" Aber warum sollte man nicht lieber allein sein wollen? Es ist so angenehm. Es ist so einfach. Warum sollte Alleinsein nicht das kostbarste Gut in deinem Leben werden?

Wenn du nämlich echtes Gewahrsein hast und die Freude des Gewahrseins feierst, bist du bereit zu bemerken, dass dein Gewahrsein einen Ort kreiert, an dem du nie allein bist. Es gibt kein Alleinsein, weil das gesamte Universum hinter dir steht.

Genieße deine Zeit für dich. Frage: „Welche Energie, welcher Raum und welches Bewusstsein kann ich sein, um für alle Ewigkeit so allein zu sein, wie ich es wahrhaftig sein kann?"

Wie wäre es, wenn du in deinen
Beziehungen pragmatisch würdest?
Wie wäre es, wenn du fragtest:
„Bin ich bereit, Spaß damit zu haben? Ja. Prima."
Mit dieser Freude des Gewahrseins wirst du wissen, was sonst
noch möglich ist, wenn sich eine andere Möglichkeit eröffnet.

🐾

11

PRAGMATISCHE ELTERNSCHAFT

Viele Eltern, mit denen wir arbeiten, sprechen von ihren Bemühungen, ihre Kinder glücklich zu machen oder etwas wettzumachen, das sie als Verlust in der Welt ihrer Kinder wahrnehmen. Wir fragen sie: „Kannst du den Verlust eines anderen Menschen wirklich wettmachen? Kannst du jemand anderen wirklich glücklich *machen*?" Wenn deine Kinder einen Verlust erlebt haben oder sich traurig fühlen, versuche nicht, sie glücklich zu machen. Stelle statt dessen eine Frage: „Welche Energie, welcher Raum und welches Bewusstsein kann ich sein, die es meinem Kind erlauben, mit totaler Leichtigkeit zu dem Menschen heranzuwachsen, der es gerne sein möchte?"

Was, wenn deine Wahl als Elternteil nicht falsch ist?

Viele Elternpaare, die sich scheiden lassen, bringen ihre Sorge darüber zum Ausdruck, wie die Scheidung sich auf ihre Kinder auswirken wird. Im Rahmen ihrer therapeutischen Arbeit hat Susanna unzählige Menschen getroffen, deren Eltern geschieden waren. Viele von ihnen hatten die Geschichte abgekauft, dass der Grund für ihre aktuellen Probleme oder Schwierigkeiten in der Scheidung ihrer Eltern lag. Als Susanna sie jedoch fragte, ob die Handlungen ihrer Eltern sich wirklich auf ihr Leben ausgewirkt und ihre Zukunft bestimmt hätten, erkannten sie, dass ihre Geschichte keine Realität war. Sie war nur eine Ansicht, die sie übernommen hatten.

Susanna fragte sie dann: „Welches Geschenk war die Scheidung deiner Eltern für dich?" Viele sagten, dass sie nach der Scheidung ihrer Eltern angefangen hätten, das zu tun, was für sie funktionierte, dass sie weniger mit anderen Menschen stritten, und dass sie anfingen, ihr Leben auf überraschende Art und Weise zu kreieren. Einige wiesen sogar auf die Vorteile hin, die es hat, wenn die Eltern geschieden sind. So sagten sie beispielsweise: „Nun, nach der Scheidung meiner Eltern hatte ich zwei Zuhause. Ich habe in der Schule eine Sonderbehandlung bekommen. Ich habe gelernt, dass ich mich nicht mit einer schlechten Beziehung abfinden muss. Man kann sie einfach ändern. Es ist in Ordnung."

Was, wenn deine Wahl als Elternteil nicht falsch ist? Und was, wenn dein Kind mit seiner Wahl nicht falsch liegt?

Wahrheit, Lügen und Geheimnisse

In einem Kurs haben wir von einem Mann gehört, dessen Frau sich das Leben genommen hatte. Er erzählte uns, wie er das Geschehene seinen Kindern mitgeteilt hat:

„Als die Mutter meiner Kinder starb, habe ich ihnen alles erzählt. Meine Familie war zwar damit einverstanden, dass ich meinen Kindern die Wahrheit sagte, bat mich jedoch, ihnen nicht die Einzelheiten zu erzählen. Ich wollte aber, dass die Kinder alles von mir hören, anstatt es stückchenweise in der Schule oder aus Gesprächen anderer Menschen zu erfahren. Auf die Art konnte ich ihnen sehr deutlich sagen, was ihre Mutter gewählt hatte und warum. Dies hat sich langfristig bezahlt gemacht, denn ihr Tod ist kein unangenehmes Thema. Es gab keine Lügen oder Geheimnisse.

Als meine Kinder und ich im ersten halben Jahr nach dem Tod meiner Frau gemeinsam einen Psychologen aufgesucht haben, sagte er: „Was auch immer du mit deinen Kindern machst, mache es weiter. Sie müssen erst wieder zu mir kommen, wenn irgendwann in Zukunft etwas hochkommt."

Das war ein pragmatischer Psychologe. Es gibt keine richtige Art zu trauern. Es gibt keinen festgelegten Ablauf dafür. Wenn das, was du tust, für dich funktioniert, machst du es richtig. Tu das, was funktioniert, solange es funktioniert.

Das größte Geschenk ist die Wahrheit

Der Vater im Beispiel oben war pragmatisch. Den Kindern die Wahrheit zu sagen, war das größte Geschenk, das er ihnen machen konnte. Er hat sie als die unendlichen Wesen angesprochen, die sie sind, nicht als erbärmliche kleine Kreaturen, die die Wahrheit nicht verkraften können. Wenn du der Fähigkeit deiner Kinder nicht vertraust, die Wahrheit zu verarbeiten, sagst du ihnen, dass sie geringer sind als du. Wenn du nicht die Wahrheit sagst oder Geheimnisse hast, schleichen sich Andeutungen und Gerüchte ein, die Trennung und Distanz zwischen Eltern und Kindern kreieren.

Nachdem sie mit dem Vater gesprochen hatte, sagte eine Kursteilnehmerin: „Ich habe bei meiner Tochter das Gegenteil gemacht. Ihr Vater war Alkoholiker und hat uns verlassen, und ich habe sie belogen. Sie ist jetzt 13 Jahre alt. Was kann ich tun?"

Kinder wissen immer, wenn du lügst. Wenn du es dir zur Gewohnheit machst, deine Kinder zu belügen, wenn du versuchst, ihnen deine eigene Wahrheit aufzuzwingen, oder wenn du versuchst, etwas mit ihnen zu teilen, was du für gut hältst, dann können sie es nicht hören, weil sie es durch die Lügen filtern müssen, die du ihnen erzählt hast.

Wir können das aber korrigieren.

„Du kannst die Wahrheit an den Tag bringen", schlug Gary der Frau vor, die ihre Tochter belogen hatte. „Du kannst sagen: ‚Weißt du was? Ich habe dich in Bezug auf deinen Vater oft belogen, weil ich versucht habe, dich zu beschützen. Das und das war eine Lüge. Jetzt erzähle ich dir die Wahrheit.' Das bestätigt deine Tochter in dem, was sie ohnehin schon weiß."

Geheimnisse lassen dein Gewahrsein erstarren

Indem du Informationen teilst, die für dich wahr sind, anstatt ein Geheimnis daraus zu machen, bringst du Gewahrsein in eine Situation. Wenn du jemanden belügst oder Geheimnisse vor ihm hast, reduzierst du automatisch seine Bereitschaft, wahrzunehmen. Du kreierst eine Situation, in der er alles auf Grundlage der Lüge interpretieren muss, die du erzählt hast.

Wenn dir als Kind oder Heranwachsendem nicht erklärt wird, was passiert – wenn nicht erklärt wird, *was wahr* ist – wird es ein Geheimnis, und dieses Geheimnis regt nicht dein Gewahrsein an.

Stattdessen macht es aus deinem Gewahrsein einen Betonklotz, und du fängst an zu glauben, dass dein Gewahrsein keinen Wert hat. Es bleibt dir nur die Wahl der Auslegung und die Falle zu denken, dass du es nicht weißt. Du bist gezwungen, das, was sich zeigt, durch verschiedene Ebenen von Bedeutung, die du kreiert hast, zu interpretieren. Das hat nichts mit Gewahrsein zu tun.

Es arbeitete mal eine Frau bei Access, die gewohnheitsmäßig log. Gary hat sie letztendlich entlassen, aber anfangs hat er nicht erzählt, warum er sie entlassen hat. Als er gefragt wurde, warum sie nicht mehr da war, dachte er: „Ich werde ihr Zeug nicht geheimhalten", und hat den anderen erzählt, dass sie gehen musste, weil sie gelogen hatte.

Die Teammitglieder haben positiv darauf reagiert, die Wahrheit zu erfahren. Sie sagten Dinge wie: „Ich bin so erleichtert! Ich wusste immer, dass sie lügt, aber ich konnte es nie so richtig festmachen."

Wir wissen alle so viel, aber häufig haben wir Geheimnisse, um das zu schützen, was wir wissen und den Status Quo aufrechtzuerhalten. Alle Kriege werden auf Grundlage von Geheimnissen kreiert. Es sind die Heimlichkeiten im Hinterzimmer, die einen Krieg kreieren. Das gilt für alle Kriege – egal, ob es ein Weltkrieg oder ein Streit in deiner Familie ist.

Sich von Geheimnissen zu lösen kann ein transformierender Prozess sein. Der Vater, dessen Frau sich das Leben nahm, hat sich die Situation angeschaut, in der er sich befand, und wählte, keine Geheimnisse zu haben. Er fragte: „Was erzähle ich meinen Kindern? Was funktioniert für meine Kinder?" Er wählte, ehrlich zu sein: „Ich werde ehrlich mit ihnen sein und ihnen genau das sagen, was sie wissen müssen, um totale Klarheit zu haben."

Die meisten Menschen versuchen, solche Informationen zurückzuhalten. Aber bei Dingen wie Selbstmord kann das Zurückhalten von Informationen dauerhafte Auswirkungen auf die Kinder haben. Einige Kinder verbringen den Rest ihres Lebens in psychologischer Betreuung. Oder sie nehmen Medikamente und sind schon auf dem besten Weg in Richtung „keine Möglichkeit". Versuche bitte nicht, die Möglichkeit dessen, was erreicht werden kann, zu definieren. Vertraue darauf, dass deine Kinder mit der Wahrheit umgehen können, und wisse, dass es viel einfacher ist, mit der Wahrheit umzugehen als mit einer Lüge.

Wertvolle Zeit

Viele Eltern haben die Ansicht, dass sie wertvolle Zeit mit ihren Kindern verbringen müssen, um eine gute Beziehung zu ihnen zu kreieren. Dies kann Beunruhigung hervorrufen. So können Eltern beispielsweise das Gefühl haben, dass sie ihre Kinder vernachlässigen, wenn sie beruflich auf Reisen sind.

Wir haben mit einigen Vätern gearbeitet, die sich schuldig fühlten, weil sie durchaus Möglichkeiten finden, Zeit mit ihren Söhnen zu verbringen, normalerweise in Verbindung mit Sport, aber sie schaffen es irgendwie nicht, wertvolle Zeit mit ihren Töchtern zu verbringen. Sie hängen in dem Konzept von *wertvoller Zeit* fest. Es geht jedoch nicht darum, wie viel *Zeit* du mit deinen Kindern verbringst – es geht darum, was du *bist*, wenn du mit ihnen zusammen bist.

Wie wäre es, wenn du, anstatt dich schuldig zu fühlen, es pragmatisch angehen und ein paar Fragen stellen würdest?

- Was, wenn du in der Zeit, die du jeden Tag mit deinen Kindern verbringst, absolut präsent bist?

- Was schenkst du deinen Kindern bereits, das mehr ist als Zeit?
- Was, wenn es überhaupt nicht um Zeit geht? Was bist du jetzt, in diesem Moment, wenn du mit deinen Kindern zusammensitzt?
- Was schenkst du deinen Kindern, das du noch nicht anerkannt hast?

Stelle deinem Kind Fragen

Du musst dir selbst Fragen stellen, und du musst auch deinem Kind Fragen stellen. Als Garys Kinder vor vielen Jahren in der Vorschule waren, erhielten die Eltern Anweisungen von der Schule, den Kindern nicht zu erlauben, fernzusehen, insbesondere die Zeichentrickserie „He-Man: Meister des Universums". Warum nicht? Weil die Schule sagte, sie löse Gewalt bei den Kindern aus.

Garys Kinder mochten die Sendung sehr gerne, also hat er ihnen Fragen dazu gestellt: „Was nimmst du aus dieser Sendung mit? Was magst du daran? Was denkst du, sagt dir das? Fühlst du dich dann so, als müsstest du rausgehen und Leute verhauen?"

Die Kinder antworteten: „Warum sollten wir Menschen schlagen, Papa? Das ergibt keinen Sinn. In der Sendung geht es darum, dir dessen gewahr zu sein, was passiert, nachdem du so etwas machst. Du lernst, was passiert, wenn du Menschen schlägst."

Wie bitte?! In der Vorschule hatte man Gary etwas ganz anderes gesagt!

Eine weitere Anweisung der Schule war, dass die Eltern ihren Söhnen Puppen zum Spielen geben sollen, damit ihnen nicht vermittelt wird, dass Jungs mit Autos spielen und echte Kerle sein müssen. Das einzige Problem mit diesem Ratschlag lag darin, dass Garys Sohn schon als Kleinkind gerne mit Lastern gespielt hatte. Er war erst ein paar Monate als, als er sich in einem Spielwarenladen aus seinem Kinderwagen auf einen Spielzeuglaster warf. Dieser kleine Junge wusste sehr genau, was er wollte. Und was fährt er heute? Den größten Laster, den du dir vorstellen kannst. Er liebt diesen Laster!

Fragen ermöglichen es dir, herauszufinden, was vor sich geht

Wir haben mit einer Frau gearbeitet, deren Baby ständig weinte. Die Frau fragte: „Was soll ich machen? Was stimmt mit meinem Kind nicht? Und was stimmt mit mir nicht, dass ich nicht in der Lage bin, es zu beruhigen?" Es mag so scheinen, als seien das Fragen. Es sind aber keine. Diese „Fragen" setzen voraus, dass etwas nicht stimmt. Das ist eine Schlussfolgerung und eine Sackgasse.

Wir schlugen vor, dass sie ihrem Baby Fragen stellt:

• Was brauchst du?
• Brauchst du etwas zu essen?
• Brauchst du eine frische Windel?
• Möchtest du auf den Arm?
• Brauchst du etwas anderes?

Die Mutter hat eine Frage gestellt und einen Moment gewartet, um zu sehen, wie ihr Baby reagierte. Immer dann, wenn sie die Frage stellte, die zu dem passte, was das Baby versuchte, ihr zu sagen, hörte es sofort auf zu weinen. Es ist wirklich unglaublich, was kreiert wird, wenn wir fragen und zuhören.

Kindererziehung

Häufig reden Menschen über Kindererziehung. Doch wie viele erfolgreiche Eltern hast du erlebt, die ihre Kinder erziehen? Null. Warum? Weil man Kinder nicht *erzieht*. Man trainiert sie nicht. Man bereitet sie nicht auf einen Job vor. Man versucht einfach nur, die kleinen Racker zu lieben. Und wenn du sie liebst, dürfen sie alles tun, was sie möchten.

Du denkst vielleicht, dass du, indem du sie liebst, ihnen beibringst, wie man nicht verkorkst ist, aber das ist keine sehr pragmatische Ansicht. Viele Eltern bringen ihre Kinder dazu, sich einzuordnen und all die Dinge zu tun, die sie in dieser Realität tun sollen. Sie bringen ihnen bei, sich anzupassen und so zu sein wie alle anderen.

Hast du immer das getan, was deine Eltern dir gesagt haben? Natürlich nicht. Aber wahrscheinlich hast du auch nicht dagegen rebelliert. Du hast ihnen einfach nicht alles erzählt. Als Teenager erreichst du den Punkt im Leben, an dem du lernst zu lügen, insbesondere belügst du die Menschen, die dich lieben.

Deine Eltern wollten deinen Standpunkt wahrscheinlich gar nicht hören, oder? Sie wollten nur, dass du das tust, von dem sie entschieden hatten, dass es gut für dich ist, damit sie beweisen konnten, dass sie gute Kinder hatten.

Gary geht anders an die Kindererziehung heran. „Ich habe keine guten Kinder", sagt er. „Ich habe Kinder, die genau das tun, was sie möchten. Und egal, wie sehr ich versuche, ihnen zu helfen, sie verweigern meine Hilfe immer."

Eltern erzählen uns manchmal: „Ich möchte, dass meine Kinder wissen, dass ich für sie da bin *und* dass sie mich nicht einfach nach Belieben benutzen können. Wie kann ich ihnen zeigen, dass ich für sie da bin?"

Gary erklärt es so: „Sieh mal, deine Kinder *möchten* dich einfach nur benutzen. Also lass sie dich benutzen. Meine Kinder haben mich gelehrt, dass ich keine Kontrolle über sie habe. Wenn sie im Begriff waren, einen Fehler zu machen, habe ich gesagt: ‚Wenn du das tust, wird es übel ausgehen.' Sie haben geantwortet: ‚Ich weiß, was ich tue. Ich brauche dich nicht, Papa.'"

Wenn du deinen Kindern Freiheit zugestehst, wissen sie, dass du für sie da bist. Auf dieser Grundlage haben sie die Zuversicht, die Welt zu erkunden und endlose Möglichkeiten für sich selbst zu kreieren.

Gib die Kontrolle ab

Es funktioniert nicht, wenn du versuchst, das Verhalten der Menschen zu verändern. Möchtest du das tun, was einfach für dich ist? Oder möchtest du es dir schwer machen und versuchen, jemanden zu erziehen, der nicht erzogen werden möchte?

Wenn du deinen Kindern sagst: „Dabei unterstütze ich dich nicht", versuchst du, alles zu kontrollieren. Du versuchst, sie mit Geld zu kontrollieren, was nicht funktioniert. Eltern versuchen seit Jahren, ihre Kinder zu kontrollieren, indem sie sie ausschließen. In den 1960er Jahren wurde der Begriff „strenge Liebe" geprägt. Eltern haben strenge Liebe praktiziert, damit ihre Kinder lernen, welche Konsequenzen ihre Handlungen haben. Einige Kinder haben sich daraufhin selbst zerstört, um ihre Eltern dafür falsch zu machen, dass sie streng gewesen waren.

Gary kannte einen Typen, der mit 55 ein Kind bekam. Er hat dem Kind alles gegeben, was es wollte. Seine Freunde sagten: „Du verwöhnst dieses Kind. Er wird ein richtig faules Ei werden." Der Mann antwortete: „Das mag sein, aber bis er ein faules Ei ist, bin ich tot."

Warum gehen wir davon aus, dass Kinder verdorben werden, wenn wir sie verwöhnen? Du musst dir die Situation anschauen und fragen: „Werden sie sich ändern, wenn ich mich weigere, ihnen Geld zu geben?" Nein, werden sie nicht. Lass die Kontrolle los. Lass das Geld los.

Lass Abstumpfung los, zu versuchen, das Verhalten der Menschen durch Geld zu verändern. Das ist alles diese Realität. Lass alles los und zieh weiter.

Familie

Eine Dame sagte uns: „Wenn du über Erlaubnis redest, sehe ich die Dummheit meiner Familie. Ich kann ein wenig Erlaubnis für die Dummheit anderer Menschen aufbringen, aber in Bezug auf meine eigene Familie in Erlaubnis zu sein, ist nicht so einfach. Ich bin nicht bereit, sie dumm sein zu lassen."

Die größte Verdummung in dieser Realität ist das Konzept, dass Familie das Ein und Alles ist. Du hörst es 10.000 Mal am Tag. Wenn du die Ansicht hast, dass Familie das Ein und Alles ist, wird die Richtung deines Lebens zwangsläufig durch ihre Richtung gefiltert.

Was hast du entschieden, das Familie ist?

Was hast du entschieden, das Familie ist? Familie könnten deine Mutter und dein Vater sein. Familie könnte deine Kultur sein. Familie könnte dein Land sein.

Gary gelangte zu einer weiter gefassten Definition von Familie, als er seine zweite Frau heiratete, die einen 15 Jahre alten Sohn hatte. Eines Abends waren sie im Whirlpool, und Gary fragte seinen Stiefsohn: „Na, wie ist es, eine echte Familie zu haben?"

„Wovon redest du?"

„Naja, jetzt hast du eine Mutter und einen Vater und neue Brüder und Schwestern."

„Ich hatte immer eine echte Familie. Meine Mutter, meine Schwester und ich sind eine echte Familie."

Gary ließ das sacken. „Oh. Das ist eine pragmatische Betrachtungsweise. Die Menschen, die du in deinem Leben hast, sind deine Familie. Nicht die Person, mit der du verheiratet bist. Nicht die Menschen, mit denen du verbunden bist und all das. Du musst bereit sein, dir die Institution der Familie von einem anderen Standpunkt aus anzuschauen."

Und du musst sehen, dass Familie eine Begrenzung wird, wenn sie dein Gewahrsein abstumpft und begrenzt.

Hast du eine Verantwortung gegenüber deiner Familie?

Viele Menschen haben uns gefragt: „Aber hat man nicht eine gewisse Verantwortung gegenüber seiner Familie?"

Verantwortung ist die Fähigkeit, schnell und leicht zu „antworten", also zu reagieren. Es geht nicht darum, dass du zuständig bist oder die Kontrolle hast. Es geht nicht darum, dass du der Grund oder die Rechtfertigung für etwas bist. Es geht um Ver-*Antwort*-ung. Es erkennt an, dass du nicht der Grund bist, warum jemand etwas wählt.

Clearing: Wie viel deines Gewahrseins legst du mit der Familie lahm, an die du dich verzweifelt klammerst?

Wie viel deines Gewahrseins legst du mit der Familie lahm, an die du dich verzweifelt klammerst? Alles, was das ist, mal Gottzillionen, zerstörst und unkreierst du das alles? Right and wrong, good and bad, POD and POC, all 9, shorts, boys and beyonds.

Frage: „Welche Energie, welcher Raum und welches Bewusstsein kann ich sein, die es meinem Kind erlauben, mit totaler Leichtigkeit zu dem Menschen heranzuwachsen, der es gerne sein möchte?"

12

PRAGMATISCH MIT MENSCHEN
ARBEITEN

Als Susanna anfing, in Schweden im Bereich psychische Gesundheitsvorsorge zu arbeiten, traf sie Patienten mit allen möglichen Arten von Problemen. Sie war von der traditionellen Psychologie sehr frustriert. Sie dachte immer wieder: „Das führt nicht zu dem, wovon ich weiß, dass es wirklich möglich ist. Das ist nicht die Freiheit, die aus Gewahrsein kommen kann." Als sie Access entdeckte, dachte sie, sie hätte alle Antworten gefunden. Ihre Einstellung war: „Ich habe jetzt diese neuen Werkzeuge. Ich werde die Welt verändern!"

Aber du kannst nicht mit Antworten in eine Situation hineingehen, ehe du eine Frage gestellt hast. Du kannst nicht auf Grundlage von Theorien oder Studien oder Glaubenssätzen handeln, die dir sagen, wie die Menschen sind, wie sie handeln werden, oder warum sie so reagieren, wie sie es tun. Du musst *in der Frage* sein. Das ist die Schwierigkeit mit dem gesamten Bereich der Psychologie. Es gibt dort nicht viele Fragen.

Glücklicherweise erkannte Susanna, dass ihre Schlussfolgerungen darüber, was ihre Klienten brauchten, die Welt keinesfalls ändern würden. Sie waren nur eine weitere Abstumpfung. Also ging sie pragmatisch vor und stellte Fragen, beispielsweise:

- Was kann dieser Mensch hören?
- Was ist er bereit zu empfangen?
- Ist diese Person bereit, etwas zu verändern?

Für jeden Menschen funktioniert etwas anderes

Du musst die Menschen so nehmen, wie sie sind. Das tust du, indem du Fragen stellst, beispielsweise: „Was wird bei dieser Person funktionieren?" Für jeden Menschen funktioniert etwas anderes. Es gibt keine zwei genau gleichen Menschen. Wenn du Fragen stellst, entwickelst du ein Gewahrsein unterschiedlicher Richtungen, in die die Zukunft gehen könnte. Die meisten Menschen tun das nicht. Sie gehen direkt in Schlussfolgerungen, was sie aus der Produktivität und Kreation heraus mitten in die Abstumpfung dieser Realität hineinbringt.

Es ist egal, ob die Menschen für psychologische Beratung oder zum Kartenlegen zu dir kommen. Wenn es das ist, was sie von dir möchten, ist es das, was du ihnen gibst – auch wenn du ihnen gerne Access anbieten möchtest. Lass die Menschen wählen, was sie wählen. Das ist Erlaubnis. Es ist ihr Leben; es ist ihre Wahl.

Das ist etwas, das wir in Bezug auf unsere Kinder lernen müssen. Wir müssen erkennen, *dass es ihr Leben ist*. Sie müssen wählen, was für sie funktioniert.

Veränderung kommt von Erlaubnis, nicht von Ansichten

Susanna hatte viele Patienten im Bereich der psychischen Gesundheitsvorsorge, die *sagten*, sie wollten Veränderung. Was die Menschen sagen ist jedoch nicht immer das, was sie wählen. In ihrem Job fragt sie sich immer:

- Ist dieser Mensch an Veränderung interessiert?
- Wird er sie wählen?

Veränderung zu wählen ist nicht besser, als keine Veränderung zu wählen. Richtig oder falsch, gut oder schlecht gibt es nicht. Die Menschen wählen, was sie wählen, und sie können ihre Wahl ändern, insbesondere, wenn du ihnen Erlaubnis schenkst. Lade die Menschen zur Veränderung ein. Betrachte sie nicht als falsch, weil sie etwas nicht ändern, von dem du beschlossen hast, dass sie es ändern sollten.

Während ihrer Ausbildung zur Psychotherapeutin wurde Susanna beigebracht, dass sie für jeden Patienten ein Ziel oder ein bestimmtes Ergebnis im Auge haben sollte. In der Praxis erkannte sie, dass das nicht funktioniert. Ein Ziel zu haben, zwingt dich, eine Ansicht bezüglich eines Ergebnisses zu haben, was dich davon abhält, mit dem präsent und in Erlaubnis zu sein, was ist. Veränderung kommt von Erlaubnis, nicht von Ansichten.

Der Zweck von Access ist, den Menschen den Raum zu bieten, zu *wählen*. Wenn die Menschen anfangen zu wählen – und totale Erlaubnis für das haben, *was* sie wählen – fangen sie an, das zu tun, was für sie funktioniert.

Wie kannst du die Ansicht einer Person ändern?

Die Leute sagen uns oft, dass sie die Ansicht einer anderen Person ändern wollen. „Wie kann ich das machen?", fragen sie uns.

Wenn du dich einer anderen Ansicht nicht angleichst, ihr nicht zustimmst, nicht in den Widerstand gehst und sie nicht ablehnst, beginnt diese Ansicht sich in der Welt dieser Person und auch in deiner Welt aufzulösen. Du weißt einfach, was du weißt, und bringst das in ihren Raum. Du erkennst an: „Ich weiß das. Ich bin mir dessen gewahr." Das läuft ohne Worte und Gewalt ab. Du drängst niemandem deine Ansicht auf. Du machst es, ohne ein Wort zu sagen. Und weil Menschen telepathisch sind, nehmen sie das auf, was du sagst, und nehmen an, es sei ihre eigene Ansicht.

Wahre Fürsorge

Erlaubnis wird sowohl in der traditionellen Psychologie als auch in dieser Realität als etwas Falsches angesehen. Du *sollst* gar nicht in Erlaubnis der Dummheit anderer Menschen sein, oder? Du sollst sie retten, verändern oder kontrollieren. Du sollst ihnen nicht erlauben, zu sein, wer sie sind. Aber ist das wahre Fürsorge? In keinster Weise.

Wahre Fürsorge für andere ist die Fähigkeit, ihnen nur das zu geben, was sie auch annehmen können. Du musst sie nicht gesund machen, und du musst sie nicht verändern; du musst nur fürsorglich sein. Fürsorge für andere bedeutet zu erkennen, dass die Menschen wissen und dass sie wählen, was sie wählen. Sie wissen, was sie wählen, auch, wenn sie vielleicht sagen, sie wissen es nicht.

Und wahre Fürsorge für dich selbst ist, niemals die Ansichten anderer abzukaufen, sondern immer zu wissen, was wahr für dich ist.

Welche Saat säst du gerade jetzt aus?

Welche Saat säst du gerade jetzt mit dem aus, was du tust? Du musst anerkennen, was du kreierst, um mehr zu kreieren. Frage: „Was kreiere ich hier, das ich nicht anerkenne?"

Vor einigen Jahren sollte Susanna einen kleinen Kurs in Tel Aviv, Israel, facilitieren. Zu dem Zeitpunkt gab es Bombenanschläge mit Toten und Verletzten in der Stadt. Susannas Eltern machten sich Sorgen, und sie selbst war auch beunruhigt. Obwohl es scheinbar keinen Sinn ergab, so eine große Entfernung für eine kleine Kurs in einem gefährlichen Umfeld zurückzulegen, wusste sie, dass sie die Reise antreten musste.

Jetzt zeigt sich, dass die Saat, die sie damals in Tel Aviv ausgesät hat, aufgegangen ist und weit über diese Realität hinaus Möglichkeiten trägt. Aktuell haben wir mehr als 600 Facilitatoren in Israel, darunter einen Facilitator in Tel Aviv, der mit israelischen Soldaten und Kindern mit posttraumatischer Belastungsstörung arbeitet. Außerdem hat ein israelischer Rabbi die Access Bars anerkannt.

Das Konzept der Quantenverschränkungen besagt, dass alle Dinge miteinander verbunden sind. Alles, was wir tun, kreiert so viel mehr, als wir anerkennen. Alles, was sich in diesem Moment ereignet, hat einen Quanteneffekt auf alle Menschen, mit denen du jemals gearbeitet hast und arbeiten wirst, und auf alle Menschen, mit denen diese Menschen im Laufe ihres Lebens in Berührung kommen. Die Auswirkungen unserer Handlungen ziehen weiter Kreise.

Jenseits der Gespräche und der Kognitisierung der etablierten Psychologie

Ein Access-Facilitator erzählte uns einmal: „Je mehr ich mit Klienten arbeite, desto mehr finde ich mich in Sitzungen mit

Menschen wieder, in denen ich total neben mir stehe. Manchmal weiß ich gar nicht mehr, was sie gerade gesagt haben."

Wir haben gefragt: „Stehst du wirklich neben dir? Oder bist du im Raum der Möglichkeiten?"

Viele von uns haben die Vorstellung, dass wir neben uns stehen, wenn wir nicht fokussiert sind. Das ist aber nicht notwendigerweise so. Die Frage ist, was jenseits der Kognitisierung möglich wird. Die Werkzeuge, die wir bei Access benutzen, – die Clearings und die verbalen Prozesse sowie die Bars, allesamt praktisch orientierte Prozesse – sind darauf ausgerichtet, das zu erreichen, was allein durch Kognitisierung nicht erreicht und verändert werden kann.

Diese Art, mit Menschen zu arbeiten, ist weit jenseits von dem, was in dieser Realität akzeptiert wird. Als Gary anfing, bei Menschen die Bars laufen zu lassen, fiel es ihm schwer zu glauben, dass es irgendeine Art von Erfolg hatte. Eines Tages kam jemand zu ihm und sagte: „Weißt du noch, wie du meine Bars hast laufen lassen? Nach der ersten Sitzung waren die Schmerzen, die ich seit fünf Jahren in meinen Füßen hatte, weg. Ich habe dir das damals nicht gesagt, weil ich Angst hatte, sie würden wiederkommen, aber das sind sie nicht."

Du *musst nicht* kognitisieren, was du mit einem Kurs, deinem Business, einer Beziehung oder etwas anderem kreierst. Du musst nicht definieren und erklären können, was du tust. Du kannst einfach fragen: „Universum, zeige mir, was es ist, das ich kreiere." So säst du die Saat, die jenseits deiner Kontrolle aufgehen kann.

Bei der pragmatischen Arbeit mit Menschen geht es um die Freude des Gewahrseins dessen, was du in ihrem Universum verändern kannst. Es ist eine Feier dessen, was du ihnen schenkst, indem du der Raum bist, der du bist. Du hast absolut keine Ansicht, wenn du das tust. Es spielt für dich keine Rolle, ob sie es verstehen oder nicht.

Informationen und Werkzeuge, die du an dir selbst und bei anderen in Bezug auf Empfinden und Fühlen anwenden kannst

Kurz nach einem unserer Events sagte uns ein Teilnehmer: „Als ich nach Hause kam, fühlte ich mich schrecklich. Ich musste ständig weinen, um all die Energie anderer Menschen aufzulösen, die ich in meinen Körper eingeschlossen hatte."

Diese Erfahrung machen viele Menschen, wenn sie in Gruppen sind, aber das muss nicht so sein. Wir können Dinge *empfinden*, oder wir können sie *fühlen*. Wenn du all das fühlst, sagst du: „Ich fühle den Schmerz dieser Person" oder „Ich fühle, was bei dieser Person abläuft", und es wird in deinen Körper eingeschlossen. Dinge zu *fühlen* macht aus der Fähigkeit deines Körpers, Dinge wahrzunehmen, eine Belastung.

Du musst wissen, dass Schmerz von den Menschen in ihrem eigenen Körper kreiert wird. Du kannst den Schmerz der Menschen *fühlen*, oder du kannst *empfinden*, was den Schmerz kreiert. Wenn du es gewohnt bist, die Schmerzen anderer zu fühlen, ist das nicht so leicht zu ändern. Du musst dich selbst schulen, denn in dieser Realität wird uns beigebracht, alles zu *fühlen*. Nur selten erkennen wir den Unterschied zwischen dem, was wir *empfinden*, und dem, was wir *fühlen*, an. *Empfinden* ermöglicht es uns, empathisch zu sein, ohne zuzulassen, dass der Schmerz anderer in unserem Körper eingeschlossen wird.

„Ich empfinde, wie viel Schmerz du hast" ist ein ganzes Universum weit davon entfernt, zu fühlen, was jemand fühlt. Du musst in deiner eigenen Welt sehr klar werden und dir dessen gewahr sein, was du bei anderen Menschen spürst.

Versuche Folgendes. Wenn du das nächste Mal zusammen mit anderen Menschen in einem Raum bist, lasse deinen Körper den Schmerz im Körper einer anderen Person fühlen. Wenn du ihren Schmerz oder ihr Unwohlsein *fühlst*, sagst du „Ich fühle, wie schlecht sich dein Körper fühlt", und dein Körper verstärkt die Schmerzen, die du fühlst. Wenn du den Schmerz oder das Unwohlsein einer anderen Person *empfindest*, musst du das nicht in deinem eigenen Körper einschließen.

Menschen, die sich ritzen

Eine Access-Facilitatorin hatte Erfahrung in der Arbeit mit Menschen, die sich ritzen. Sie fragte uns: „Worum geht es da eigentlich?"

Menschen, die sich derartig selbst verletzen, haben kein Gewahrsein für ihren Platz in der Welt. Sie fühlen so viel von allem, was bei anderen Menschen abgeht, und denken, dass sie, wenn sie sich genug ritzen, ihren eigenen Körper fühlen werden. Dies tritt häufig bei jeglicher Art von Masochismus auf.

Die Menschen versuchen, ihren eigenen Körper zu fühlen, sich selbst zu fühlen.

Die Facilitatorin fragte: „Wie kann ich Klienten helfen, die so etwas tun?"

Wir schlugen vor, ihnen Fragen zu stellen und über den Unterschied zwischen Empfinden und Fühlen zu sprechen. Als Erstes fragst du sie: „Worin besteht der Wert, dich zu ritzen? Was liebst du daran, dich zu ritzen?" Vielleicht sagen sie dann, dass sie sich lebendiger oder weniger taub fühlen. Du kannst auch sagen: „Lass uns das *Fühlen* einen Moment beiseite lassen. Du kannst deinen Körper *spüren*, oder? Liebt dein Körper das, was du ihm antust?"

Wenn du deinen Klienten diese Information über Empfinden und Fühlen und den Unterschied zwischen beidem gibst, ermächtigst du sie, zu wissen, was sie wissen. Vielleicht beginnen sie, etwas anderes zu bemerken: „Oh, ich habe hier eine andere Wahl. Ich hatte keine Ahnung. Ich dachte, meine einzige Wahl sei es, mich zu ritzen, denn wenn ich das tue, fühle ich mich. Jetzt erkenne ich, dass ich, anstatt zu fühlen, mein Empfinden nutzen kann und es damit dem Schmerz nicht erlaube, sich in meinem Körper festzusetzen."

Traurigkeit ist eine Wahl

Genauso ist es auch mit der Traurigkeit anderer Menschen. Wenn du dir der Traurigkeit, mit der die Menschen leben, extrem bewusst bist, akzeptierst du diese Traurigkeit als Tatsache in deinem Universum. Du sagst vielleicht: „Alle sind traurig. Das ist so." Aber Traurigkeit ist keine Tatsache. Sie ist eine Wahl, die Menschen treffen.

Wir gehen davon aus, dass Menschen keine Wahl haben – anstatt zu erkennen, dass ihre Traurigkeit etwas ist, das sie wählen.

Einige Menschen tragen absichtlich Schuhe, die ihnen weh tun. Warum? Vielleicht, weil sie besonders schick sein möchten. Egal, wie sehr die Schuhe schmerzen, sie tragen sie trotzdem den ganzen Tag lang ohne Pause. Warum sollte man so etwas wählen? Die Menschen tun dies auch mit Traurigkeit. Sie wählen ihren Schmerz. Sie wählen ihre Traurigkeit.

Worin besteht der Wert, Traurigkeit zu wählen? Nun, zum einen erlaubt sie es den Menschen, Wut zu vermeiden. Die Menschen auf diesem Planeten glauben, dass sie nur zwei Optionen zur Auswahl haben: Traurigkeit oder Wut. Sie erkennen nicht, dass Glücklichsein auch eine Wahl ist. Freude haben sie nicht auf dem Schirm, denn sie sind nicht mit Menschen aufgewachsen, die Freude in ihrem Leben hatten.

Du musst anerkennen, dass die Menschen wählen, traurig zu sein, und dass es Orte auf der Welt gibt, an denen Menschen keine Traurigkeit wählen. Als Kind ist Gary sehr gerne zu den Partys seiner hispanischen und niederländischen Freunde gegangen. Dort haben alle Gäste getanzt. Kleine Kinder und ältere Damen haben genauso getanzt wie alle anderen. Die jungen Männer haben die älteren Damen zum Tanzen aufgefordert. Alle wurden in die Freude miteinbezogen.

Es gibt unglaubliche Beispiele dessen, wie Menschen Freude wählen. Wir haben ein YouTube-Video von einem sechsjährigen Jungen erhalten, dessen Mutter bei einem Unfall und dessen Vater an Krebs gestorben war. Dieser Junge schaute sich die Traurigkeit um sich herum an und sagte: „Wisst ihr was? Ich werde jetzt anfangen zu lächeln." Er verstand, dass Lächeln eine Wahl ist. Er fing an, alle anzulächeln, und ausnahmslos jeder lächelte zurück – es wurde regelrecht ansteckend. Er hat nicht zugelassen, dass sein Leben von Traurigkeit bestimmt wird. Er sagte: „Mein Leben wird anders sein. Ich werde nicht für Traurigkeit leben. Ich werde für Freude leben."

Einige Menschen möchten keine Freude in ihr Leben bringen, da sie glauben, sie würden mit ihrer Freude die Traurigkeit anderer noch verschlimmern. Dem ist aber nicht so. Diese traurigen, unglücklichen Menschen haben keine Vorstellung von dem, was du tust. Sie gehen davon aus, dass du, wenn du glücklich bist, unter irgendeiner Art von Drogen stehst.

Es gibt keine Notwendigkeit, dich vor irgendetwas zu schützen

Viele von uns halten sich von Menschen fern, die traurig sind oder Schmerzen haben, weil wir das, was sie fühlen, nicht fühlen möchten. Das ist ein Grund dafür, dass Menschen in bewachten Wohnsiedlungen leben. Sie möchten sich von der Traurigkeit distanzieren und unter Menschen bleiben, die so gewöhnlich sind wie sie.

Im Gegensatz zu dem, was du vielleicht glaubst, besteht keine Notwendigkeit, dich vor irgendetwas zu schützen. Wenn du versuchst, dich vor etwas zu schützen, schließt du sogar alles andere aus, einschließlich Informationen, die wichtig für dich sein könnten. Möchtest du das wirklich? Außerdem brauchst du viel Energie, um Mauern und Barrieren um dich herum aufzubauen. Es ist viel einfacher, sich darin zu üben, alles zu empfangen.

Während ihres Studiums der Psychotherapie lernten Susanna und ihre Kommilitonen, sich vor ihren Patienten zu schützen, indem sie Barrieren aufbauten und Bewältigungsmechanismen nutzten. Ihr war sofort klar, dass sie sich so nicht gegenüber ihren Klienten verhalten wollte. Sie wollte nicht davon abgelenkt werden, für ihre Patienten da zu sein. Sie wollte präsent mit ihnen sein.

Pfiffig, wie sie ist, fragte sie ihren Dozenten: „Sind unsere Patienten gefährlich?" Eine der Strategien, die gelehrt wurde, war, sich einen Fluss zwischen sich und dem Patienten vorzustellen. Ihr war klar, dass dies eine erhebliche Ablenkung davon ist, mit der Person präsent zu sein, mit der sie arbeitete. Schelmisch fragte sie ihren Dozenten: „Sind in dem Fluss Fische? Wachsen am Ufer Blumen?"

Nach Abschluss ihres Studiums nahm Susanna ihre Arbeit als Psychologin auf und erlebte, wie erschöpfend der Versuch war, sich vor den Patienten zu schützen, anstatt einfach alles zu empfangen, was ihr Gegenüber ihr sagte. Es war viel einfacher, bei den Menschen zu *sein* – mit all ihrer Traurigkeit und ihren Problemen. Sie sagt: „Wenn du keine Barrieren um dich herum aufbaust, bekommst du so viel mehr Informationen über einen Menschen. Es ist so, als würdest du eine Schatzkiste mit Informationen öffnen, die nur darauf warten, genutzt zu werden. Gewahrsein ist kein Fluch. Es ist das Geschenk, das immer weiter schenkt. Du musst einfach nur bereit sein, zu empfangen."

Panikattacken

Nehmen wir einmal an, ein Freund von dir hat eine Panikattacke. Sein Herz rast, er fühlt sich schwach, schwindlig und ohne Kontrolle. Frage ruhig und bestimmt: „Wem gehört das?" Vielleicht wird er sofort ruhig, wenn er merkt, dass die Dinge, die er fühlt, überhaupt nicht ihm gehören.

Panik ist keine *Krankheit*, sondern ein *Gewahrsein*. Durch die Frage „Wem gehört das?" erkennst du an, was für diesen Menschen wahr ist. Allein das Anerkennen dessen, was für jemanden wahr ist, kreiert schon Entspannung.

Bisweilen stehen Menschen bei Panikattacken völlig neben sich. In solchen Situationen kann es erforderlich sein, dass du sehr deutlich und intensiv in deiner Energie bist und sagst: „Nein. Du bist hier und jetzt präsent bei mir."

Die Menschen fragen uns häufig, was sie tun können, um Klienten oder Freunden mit Panikattacken zu helfen. Wir sagen: „Bitte kauft euch nicht in die Realität von Panikattacken ein. Sagt nicht: ‚Oh, du Armer.' Lasst nicht zu, dass die Leute euch mit Panikattacken kontrollieren oder manipulieren. Seid statt dessen die Energie, die sie einlädt, präsent zu sein. Setzt das Werkzeug ‚Wem gehört das?‘ ein.“

Von einer Panikattacke kann man sich leicht mitreißen lassen. Du magst dich gestresst fühlen und versuchen, die Situation zu bewältigen. Das macht es häufig nur noch schlimmer, da du die Panikattacke als gegebene Realität bestätigst.

Wenn jemand eine Panikattacke hat, versuche, so ruhig wie möglich zu bleiben.

Frage dich: „Was weiß ich hier? Welcher Raum und welche Leichtigkeit kann ich sein, um das mit totaler Leichtigkeit zu verändern?“ Dadurch, dass du Leichtigkeit und Raum bist, zeigst du der Person, was möglich ist. Du kaufst dich nicht in ihre Panik ein, wodurch du sie ansonsten noch realer machen würdest.

Tränen und Hysterie

Tränen gehören zu Traurigkeit dazu, aber sie können auch ein Weg sein, es zu vermeiden, präsent zu sein. Manchmal dienen sie der Ablehnung dessen, was dir gesagt wird. Wer aufhört zu weinen, hört auf, Drama zu kreieren, und beginnt, Gewahrsein zu kreieren. Wenn man damit anfängt, beginnen die Dinge, zu funktionieren.

So erhielt Gary beispielsweise einmal einen Anruf von einer Dame, die hysterisch weinte. Er sagte: „Hör auf zu weinen! Ich verstehe kein Wort von dem, was du sagst.“ Sie hörte auf. Dann fragte er sie: „Ist irgendetwas davon real, oder kreierst du es? Wem gehört das?“

Es stellte sich heraus, dass sie einen Dokumentarfilm über Angola Prison, das größte Hochsicherheitsgefängnis in Amerika, gesehen hatte. Garys Frage versetzte sie in die Lage zu sehen, dass sie den Schmerz jedes einzelnen Häftlings deutlich wahrgenommen hatte.

Phobien

Du kannst die Frage „Wem gehört das?" auch bei Menschen mit Phobien anwenden. Eine Access-Facilitatorin erzählte uns, dass eine ihrer Klientinnen eine Nadel-Phobie hatte. Sie konnte sich kein Blut abnehmen lassen und fiel während einer Gesundheitsschulung in Ohnmacht, als über Abtreibung gesprochen wurde. Es wurde so schlimm, dass sie nicht über die Autobahn fahren konnte, wenn dort Bauarbeiten im Gange waren.

Wir sagten ihr, sie solle bei ihrer Klientin das Werkzeug „Wem gehört das?" einsetzen. Außerdem schlugen wir ihr folgende Fragen vor:

- Was hast du von deiner Phobie?
- Was ist der Nutzen deiner Phobie?
- Wie gewinnst du mit deiner Phobie?
- Wie verlieren andere durch deine Phobie?

Bei Phobien geht es häufig um Gewinnen und Verlieren, und sie werden eingesetzt, um andere zu besiegen. Du kannst Menschen mit deinen Phobien kontrollieren. Ein Mensch mit einer Phobie sieht sich immer als Gewinner, während sein Gegenüber in der Position des Verlierers ist.

Die Facilitatorin erkannte an, dass ihre Klientin wahrscheinlich genau dies tat. Vielleicht wollte diese Klientin gar nicht wirklich gesund werden. Schließlich hat sie jedes Mal gewonnen, wenn sie ihre Phobie hatte. Ihre Einstellung war: „Ich habe eine Phobie, deshalb kann ich nicht ..." oder „... deshalb musst du ..." Es ging darum, dass sich alle anderen Menschen an ihre Realität anpassten.

Einer der Patienten, mit denen Susanna arbeitete, hatte mehrere Phobien und häufige Panikattacken. Seine gesamte Familie schlich auf Zehenspitzen um ihn herum, damit er nicht wieder eine Attacke bekam und alles unter Kontrolle war.

Susanna fragte ihn: „Was liebst du an deinen Phobien? Worin besteht ihr Wert für dich?"

Seine Antwort war unglaublich ehrlich und vielsagend: „Wenn ich eine Panikattacke habe, habe ich die gesamte Welt um den Finger gewickelt."

Ist das falsch? Nein, es ist, was es ist. Wenn du die Dinge so siehst, wie sie sind, hast du die Wahl.

Allergien

Manche Menschen versuchen, ihre Umgebung über ihre Allergien zu kontrollieren. Du kannst sie fragen:

- Was gewinnst du dadurch, dass du eine Allergie hast?
- Was verlierst du dadurch, dass du eine Allergie hast?

Sie sagen: „Ich kann mit diesem _____ nicht hier sein!"

Du sagst: „Okay, du kannst nicht hier sein. Gewinnst du damit oder verlierst du damit?"

Wenn sie ehrlich sind, werden sie antworten: „Ich gewinne!"

Dann kannst du fragen: „Wirklich? Wie viele Menschen möchten nicht bei dir sein, weil du gewinnst?"

All diese Dinge – Allergien, Phobien, Hysterie, Panikattacken – drehen sich um die Frage, wer gewinnt und wer verliert. Für diese

Menschen besteht das Universum aus *Gewinnen* oder *Verlieren*. Es ist wichtiger für sie zu gewinnen, als sich zu verändern.

Wenn sie anfangen, dir davon zu erzählen, was an Gewinnen und Verlieren für sie wahr ist, werden sie plötzlich sagen: „Moment mal! Das funktioniert nicht." Dann können sie etwas anderes wählen.

Angstzustände

Menschen kaufen anderen Menschen ihre Ängste ab, um zu beweisen, dass sie so sind wie sie. Egal, was du erlebst – sei es Traurigkeit, Wut, Angst, Depression oder eine andere Art von Verrücktheit –, ist eine Auslegung dessen, was *ist*, was es aber in Wirklichkeit *nicht ist*. Angstzustände sind eine Kreation. Sie sind eine Erfindung und keine Realität. Sie können nur existieren, wenn du dein Gewahrsein abschneidest und der Angst eine Rolle in dem Theaterstück gibst, das du dein Leben nennst. Versuche es mit der Frage:

- Welche Erfindung benutzt du, um die Angstzustände zu kreieren, die du wählst?
- Und wem gehört das?

Großzügige Geisteshaltung im Vergleich zu Neid und Eifersucht

Betrachte einmal einige vorherrschende Bewertungen von schönen und reichen Frauen: „Ich hasse die Tatsache, dass sie das hat, was sie hat. Ich hasse die Tatsache, dass sie so aussieht, wie sie aussieht. Ich hasse die Tatsache, ich hasse die Tatsache, ich hasse die Tatsache ..."

Du musst dich von den „Tatsachen" als Realität lösen, denn es ist nur das eine Tatsache, was du dazu machst.

Die Menschen machen ihre Tatsachen real, um zu rechtfertigen, warum sie etwas nicht empfangen können, was ein anderer Mensch anzubieten hat. Dies ist nur eine der vielen Arten, wie Menschen ihr Empfangen beschneiden. Jede Tatsache ist darauf ausgelegt, das Empfangen zu beschneiden und größeres Gewahrsein zu beschneiden.

Eine Frau erzählte uns von dem Neid, den sie empfand, während sie ihrer jüngeren Cousine beim Reiten zusah: „Sie ist jung und dünn und schön. Ich schaute sie an und hatte das Gewahrsein, wie Menschen reagieren, wenn sie jemanden sehen, der so aussieht, als sei er perfekt und reich und glücklich."

Natürlich ist derjenige nicht perfekt. Es ist ein Image. Es passt zu dem Bild dessen, was andere Menschen nicht haben können, also lehnen sie es ab. Sie denken: „Ich will es, aber ich kann es nicht haben." „Ich will" bedeutet „Ich habe Mangel daran", was bedeutet „Ich kann es nicht haben", was bedeutet „Ich werde es nie wählen", was bedeutet, dass man neidisch sein muss.

Menschen, die nicht empfangen können, sind neidisch. Sie sind nicht eifersüchtig. *Neid* bedeutet, dass du etwas haben möchtest, was jemand anders hat. *Eifersucht* bedeutet, dass du aus der Angst heraus an etwas festhältst, dass jemand es dir wegnehmen könnte.

Menschen beneiden andere, die etwas haben, was sie selbst nicht haben. Es ist so, als denken sie, wenn sie etwas einem anderen Menschen wegnehmen können, wird es ihnen gehören. Da sie aber bereits entschieden haben, dass sie es nicht haben können, was mag wohl passieren? Sie können es nicht haben! Also lehnen sie es ab.

Du kannst etwas sehen, das dir gefällt und dir einfach nur dessen gewahr sein, dass es dir gefällt. Du kannst es ablehnen oder versuchen, es zu zerstören, oder du kannst fragen:

- Was muss ich ändern, um das zu haben?
- Wo muss ich hingehen?
- Mit wem muss ich sprechen?

Du kannst in die Frage gehen. Du kannst glücklich sein, dass die andere Person das hat, was sie hat, und sagen: „Wie cool, dass sie das hat! Ich hätte das auch gerne. Was ist möglich, damit ich es mit Leichtigkeit bekommen kann?" Das ist eine großzügige Geisteshaltung.

Du schaust nicht auf das tolle Kleid deiner Freundin und sagst: „*Sie* sollte es nicht haben! *Ich* hätte es bekommen sollen." Stattdessen sagst du: „Schau, was sie da hat! Es ist wunderschön!" Eine großzügige Geisteshaltung kommt von der Bereitschaft, zu fragen, was du deinem Leben zufügen kannst – und nicht, wie du etwas von jemand anderem bekommen kannst. Du bist glücklich, wenn andere Menschen mehr haben, und du bist glücklich, selbst mehr zu empfangen. Wenn du dich in einer Situation wiederfindest, in der du sagst: „Es ist nicht in Ordnung, dass diese Person das hat", frage dich:

- Wem gehört das?
- Woraus habe ich eine Tatsache gemacht, das keine Tatsache ist?

Dadurch, dass du diese Fragen stellst, kreierst du die Zukunft, die du gerne haben möchtest.

*Fürsorge für andere bedeutet zu erkennen, dass die
Menschen wissen und dass sie wählen, was sie wählen.*

*Sie wissen, was sie wählen, auch wenn sie
vielleicht sagen, sie wissen es nicht.*

*Und wahre Fürsorge für dich selbst ist,
niemals die Ansichten anderer abzukaufen,
sondern immer zu wissen, was wahr für dich ist.*

13

DICH SELBST VERMARKTEN: DAS GESAMTPAKET KREIEREN

Gary hatte eine sehr pragmatische Lehrerin, die im Jahr 1913 in England geboren wurde. Mary glaubte an Metaphysik. Sie bereiste die ganze Welt und besuchte sämtliche Kurse, Gruppen und Lehrer, die es im Bereich Metaphysik gab. Ihr Mann hatte einen komplett anderen Standpunkt. Bill glaubte, man lebe nur einmal und verrotte dann in der Erde. Diese Differenzen hielten die beiden jedoch nicht davon ab, eine außergewöhnliche Beziehung zu haben, die auf Ehre, Vertrauen, Erlaubnis, Verletzlichkeit und gegenseitiger Dankbarkeit basierte.

In den 50er Jahren arbeitet Bill als Werbefachmann in New York. Er sagte immer: „Mary, du musst mit mir zum Abendessen gehen und meine Kunden kennenlernen, aber bitte sprich nicht über diese seltsamen Dinge, die du da machst." Mary zog sich ein konservatives Kleid an, legte ihren Schmuck an und präsentierte sich als das Bild einer charmanten, konventionellen Ehefrau. Sie zeigte nie, was sie wusste. Sie interessierte sich einfach für alle Menschen, denen sie begegnete, und stellte ihnen Fragen. Die meisten Menschen, auch Bills Kunden, fanden sie unglaublich intelligent und bemerkenswert.

Sei an jedem einzelnen interessiert

Mary war ein Genie darin, sich selbst zu vermarkten. Die Menschen haben gerne mit ihr gesprochen, und sie hatte immer jede Menge Klienten, mit denen sie ihre metaphysische Arbeit teilte. Ihr Geheimnis bestand darin, an jedem einzelnen interessiert zu sein. Sie wusste: um wie der intelligenteste und gebildetste Mensch der Welt auszusehen, musst du einfach nur aufhören, über dich selbst zu reden und dich für alle anderen interessieren. Stelle den Menschen Fragen über sie selbst. Frage und halte die Klappe. Erzähle nie etwas von dir, und sie werden dich für die faszinierendste Person halten, die sie je kennengelernt haben.

Es ist so wie bei einem ersten Date. Wenn du gescheit bist, redest du nicht. Du stellst Fragen. Du zeigst, dass du dich für dein Gegenüber interessierst. Die meisten Menschen sind lieber *interessant* als *interessiert*, aber damit bekommst du nicht das, was du willst. Du musst lernen, *interessiert* zu sein. Wenn du interessiert bist, werden die Menschen immer nach mehr von dem fragen, was du zu geben hast. Das ist wahres Marketing: Sei erreichbar und interessiert.

Wir haben das einer Frau vorgeschlagen, die sagte: „Ja, aber die Leute erzählen so einen Blödsinn. Ich bin nicht daran interessiert, mit ihnen zu sprechen."

Derartige Schlussfolgerungen schließen Möglichkeiten aus. Sie hatte geschlussfolgert: „Ich möchte mich mit diesem Menschen nicht abgeben. Ich bin an ihm oder ihr nicht interessiert."

Jede derartige Schlussfolgerung kreiert eine Situation, in der du es den Menschen, die dir beitragen könnten, nicht erlaubst, dir beizutragen. Anstatt Schlussfolgerungen zu ziehen, stelle Fragen:

- Was kann dieser Mensch tun?
- Was kann er sein?
- Wie kann er oder sie meinem Leben und meiner Realität beitragen?

Susanna träumt davon, dass die Psychologie und die Psychotherapie sich mehr für den Patienten interessieren, anstatt sich auf Theorien darüber zu konzentrieren, was mit ihnen nicht stimmt. Die Klienten wissen so viel. Du kannst der Facilitator sein, der es ihnen erleichtert, zu wissen, was sie wissen. Wie machst du das? Indem du interessiert bist, indem du keine Ansicht und kein Ziel hast, und indem du Fragen stellst. Versuche es – und beobachte, wie sehr sich das Leben der Menschen erweitert, dein eigenes inbegriffen.

Wähle Eleganz

Um dich selbst zu vermarkten, musst du dich auf eine Art und Weise präsentieren, auf die die Menschen anspringen. Das bedeutet, dass du dich gut anziehst. Wenn du dich so anziehst, dass du für die Menschen attraktiv bist, machst du einen großartigen Eindruck. Die Menschen werden denken: „Er hat sich so schick gemacht" oder „Sie zieht sich so hübsch an".

Du musst anfangen, Eleganz zu wählen. Wähle Eleganz – egal, ob es ein Hosenanzug oder ein kurzer Rock oder Hemd und Hose ist.

Dies gilt insbesondere für junge Menschen, weil sie im Berufsleben oft aufgrund ihres Alters nicht ernst genommen werden. Wenn du jung und elegant bist, bist du brillant und zeitlos.

Eine Dame kam zu Access und bat Gary, ihr Mentor zu sein. Zu dem Zeitpunkt hatte sie ihre Haare in unterschiedlichen Farben gefärbt. Er sagte ihr: „Du musst dich anders anziehen, wenn du im Business erfolgreich sein möchtest. Du bist 25 Jahre alt, und wenn du dich nicht klassisch und zeitlos kleidest, werden die Leute dich nicht für voll nehmen."

Zunächst erwiderte sie: „Das werde ich nicht tun. So bin ich eben." Aber als sie keine Klienten bekam, befolgte sie Garys Rat und kleidete sich für einen Kurs anders als sonst. Sie gewann drei neue Klienten. Danach zog sie sich wieder an wie vorher, und diese Kunden blieben weg.

Das Gesamtpaket muss so aussehen, wie die Leute es möchten. Sei pragmatisch. Wer hat das Geld, dich für die Dienstleistungen, die du anbietest, zu bezahlen? Junge Menschen oder alte Menschen? Sehr wahrscheinlich sind es alte Menschen. Wenn du jung bist, musst du also zeitlos auftreten. Du kannst ein Kleid oder eine Hose von Chanel anziehen, und die Leute werden sagen: „Oh! Das ist Chanel." Menschen mit Geld erkennen solche Dinge.

Manchmal hören Leute das und sagen: „Okay, aber ich möchte mich nicht wie ein alter Mensch kleiden." Du musst dich nicht wie ein alter Mensch kleiden! Was wir hier sagen, ist, dass du dich mit Stil und Klasse kleidest. Gehe mit jemandem einkaufen, der dir helfen kann, großartige, klassische Teile auszusuchen. Wähle jemanden, der in einer Welt lebt, in der es Klasse gibt.

Einige Menschen haben ein angeborenes Empfinden für Klasse und Eleganz. Gary und eine seiner Töchter waren auf einem Flohmarkt, als sie acht Jahre alt war.

„Papa, ich möchte dieses Portemonnaie", sagte sie.

„Warum, Liebes?", fragte er.

„Weil es von DKNY ist."

Da war sie acht Jahre alt. Heute ist sie eine Frau, die sich zeitlos und klassisch kleidet.

Seine andere Tochter liebte Hippie-Klamotten und zog sich lange so an. Eines Tages hatte Gary ein Gespräch mit ihr: „Du musst dich besser anziehen, Schatz. Du musst deinen Stil verbessern." Sie kleidete sich daraufhin anders, und mehr Menschen baten sie: „Erzähl mir von dem, was du tust."

Die Menschen werden sich für dich interessieren, wenn du ein Gesamtpaket kreierst, das richtig aussieht. Sie werden sofort vermuten, dass du Informationen hast, die sie möchten, und sie werden hören, was du zu sagen hast. Das nennt man die Pragmatik des Gewahrseins. Du bist dir dessen gewahr, dass die Menschen Ansichten haben, und du fragst: „Wie kann ich ihre Ansichten nutzen, um zu kreieren, was ich möchte?"

Frage: Wie kann ich dieses Gesamtpaket zu meinem Vorteil nutzen?

Du bist viel einzigartiger, als du anerkennst. Du siehst nicht, wie einzigartig du bist. Du schätzt den Wert dessen nicht. Der Wert deiner Einzigartigkeit hat nichts mit deiner äußeren Erscheinung zu tun, egal, wie wunderbar, schön und sexy sie auch sein mag. Das sind einfach nur zusätzliche Vorzüge. Das ist die Verpackung, die dir zur Verfügung steht. Du musst dir diese Dinge anschauen und sagen: „Okay. Das ist das Paket. Wie kann ich das Paket zu meinem Vorteil nutzen?"

Besuche gesellschaftliche Veranstaltungen

Wenn du ein Business hast, musst du zu gesellschaftlichen Veranstaltungen gehen. Machen sie Spaß? Nein. Sind sie nervig? Ja. Sind dort Menschen, mit denen du dich unterhalten möchtest? Normalerweise nicht. Du musst nur still dort stehen, ein Glas Champagner in der Hand, und es wird jemand zu dir kommen und fragen: „Wer bist du und was machst du?" Diese eine Person könnte 20 Menschen in dein Geschäft bringen.

Wir haben eine sehr elegante und pragmatische Freundin, die sich großartig vermarktet und immer eine Fülle von Kunden in ihrem Business hat. Immer, wenn ihr auffällt, dass sie ein paar neue Kunden gebrauchen könnte, um ihren Terminkalender zu füllen, sagt sie: „ Es wird Zeit, zu einer Cocktailparty zu gehen!"

Die Menschen werden sich für dich interessieren, wenn du ein Gesamtpaket kreierst, das richtig aussieht.
Sie werden sofort vermuten, dass du Informationen hast, die sie möchten, und sie werden hören, was du zu sagen hast.
Das nennt man die Pragmatik des Gewahrseins.

14

DER PUNKT, AN DEM ALLES MÖGLICH WIRD

Ein Mann fragte Gary: „Wie bekomme ich mehr Gewahrsein?"

Gary sagte: „Indem du dich entspannst."

„Aber das bedeutet, dass ich nichts tun kann."

„Woher hast du die Ansicht, dass Entspannung gleich Nichtstun ist?", fragte Gary. „Ich entspanne mich bei allem, was ich wähle und allem, was ich tue."

Gewahrsein ist die ultimative Quelle totaler Entspannung, weil du niemals irgendetwas in Frage stellen musst, wenn du weißt. Du musst dich selbst nie anzweifeln, wenn du weißt. Du musst nie fragen, ob du richtig oder falsch wählst, wenn du weißt. Vollständiges Gewahrsein und vollständiges Wissen bringen totale Entspannung mit sich.

Wenn du etwas wirklich weißt, kannst du entspannen, weil du nicht zu kämpfen brauchst. Nehmen wir einmal an, dein Partner schreit dich an, weil du nicht das tust, was er will. Du kannst dich entspannen und einfach nur zuhören, was er dir zu sagen hat.

Entspannung und Wissen bringen ein Maß an Erlaubnis mit sich. Du bist bereit, der Raum zu sein, den andere Menschen nicht angreifen können. Wie anders ist das als „Nein! Ich muss das vermeiden! Was muss ich verändern, damit sie mich nicht anschreit? Wie kann ich die Notwendigkeit aus ihrer Welt nehmen, mich anzuschreien?"

In dieser Realität geht es bei Veränderung nur darum, etwas zu überwinden, anstatt sich in die Veränderung hineinzuentspannen, die verfügbar ist. Die meisten von uns neigen dazu, Gewalt anzuwenden, wenn wir entscheiden, dass wir etwas ändern werden. Wir sagen: „Das ist schrecklich! Ich muss das verändern. Wie konnte ich nur wieder so dumm sein?"

Was, wenn du dich bei allem, was du wählst, und allem, was du tust, entspannen könntest?

Clearing: Was hast du so lebensnotwendig daran gemacht, niemals total entspannt zu sein?

Was hast du so lebensnotwendig daran gemacht, niemals total entspannt zu sein, was den Bedarf an, die Notwendigkeit von und den Wunsch nach eingeschränktem Gewahrsein kreiert, um die Notwendigkeit zu kreieren, verkrampft und ungewahr zu sein? Alles, was das ist, zerstörst und unkreierst du das alles? Right and wrong, good and bad, POD and POC, all 9, shorts, boys and beyonds.

Wenn du wirklich Möglichkeiten in deinem Leben kreieren möchtest, musst du bereit sein, zu entspannen und Gewahrsein von allem zu haben. Ansonsten wählst du einfach nur aus dem limitierten Angebot der Realität anderer. Was würde passieren, wenn du fragen würdest: „Was kann ich anders sein oder tun, um total auf mein Gewahrsein zu hören?"

Vermeidest du die Komplexität und die Freude dessen, Möglichkeiten zu kreieren?

Die meisten Menschen kreieren gerade genug Wohlbehagen und Bequemlichkeit in ihrem Leben, um sich diffus zufrieden und befriedigt zu fühlen. Sie kreieren ein wenig Annehmlichkeit, vermeiden aber die Herausforderung der Möglichkeit.

- Vermeidest du die Komplexität und die Freude dessen, Möglichkeiten zu kreieren?
- Wenn du bereit wärst, über das hinaus zu wählen, was du bisher gewählt hast, was wäre dann möglich für dich, das für andere nicht möglich ist?

Ein Wesen werden, das Welten und Möglichkeiten kreieren kann

Was würde passieren, wenn du bereit wärst anzuerkennen, dass du ein allmächtiges Wesen bist? Websters Wörterbuch aus dem Jahr 1828 definiert allmächtig als „omnipotent, im Besitz unbegrenzter Macht, allgewaltig". Als Beispiel gibt es den folgenden Satz: „Das Wesen, das Welten kreieren kann, muss allmächtig sein."

Genau das fordern wir dich auf zu sein: Ein Wesen, das Möglichkeiten, ja sogar Welten kreieren kann. Viele Menschen möchten gar nicht allmächtig sein. Warum? Weil es bedeutet, dass du keine Rechtfertigungen für die Begrenzungen hast, die du als dein Leben bezeichnest.

Wir verstehen, warum die Menschen nicht allmächtig sein wollen. In dieser Realität sollst du gar nicht solch eine Wirkkraft haben. In dieser Realität geht es darum, dazuzugehören und normal zu sein.

Wir haben immer wieder gesehen, dass Menschen einen Grad von Leichtigkeit und Freude *wählen* können, der weit über das hinausgeht, was ihre Familien, Freunde und Kollegen jemals wählen könnten. Aber wenn sie bemerken, wie mächtig ihre Freude sie gemacht hat, gehen sie manchmal zurück in die Traurigkeit, um in der Vertrautheit der Begrenzung zu bleiben. Freude und Leichtigkeit machen dich kraftvoll. Freude und Leichtigkeit schüchtern aber auch ein.

- Wie kraftvoll erlaubst du dir zu sein?
- Wie unbeeinträchtigt von den Begrenzungen dieser Realität erlaubst du dir zu sein?
- Wie sehr bist du bereit, dich über das zu erheben, was andere real machen?

Clearing: Den Titel „Allmächtiges unendliches Wesen" empfangen

Welche Energie, welchen Raum und welches Bewusstsein in Bezug auf den Titel „Allmächtiges unendliches Wesen" weigerst du dich wahrzunehmen, zu wissen, zu sein und zu empfangen, was dir erlauben würde, die Welt mit totaler Leichtigkeit zu verändern? Alles, was dem nicht erlaubt, sich zu zeigen, zerstörst und unkreierst du das alles? Right and wrong, good and bad, POD and POC, all 9, shorts, boys and beyonds.

Du musst diese Realität nicht bekämpfen, um eine neue Realität zu kreieren

Facilitatoren von Access haben häufig die Vorstellung, dass es mit Anstrengung und Mühe verbunden ist, einen Access-Kurs zu kreieren. Die Menschen haben diese Vorstellung auch in Bezug auf ihre Unternehmen, ihre Familien und ihre Beziehungen. Sie haben ein Ziel, das sie kreieren möchten, und sie denken, dass sie nur mit Kraft und Anstrengung das Ergebnis kreieren können. Aber du musst diese Realität nicht bekämpfen, um eine neue Realität zu kreieren.

Wenn Gary beispielsweise einen Kurs gibt, schaut er sich an, was er tun kann, um Menschen zu mehr einzuladen, als sie je zu sein bereit waren. Es ist eine Einladung, kein Ziel. Das ist ein wesentlicher Unterschied. Es gibt weder Zwang noch Kontrolle in dem, was er tut. Es geht um Leichtigkeit und einen Beitrag zu den Fähigkeiten anderer. Es ist die Sanftheit einer anderen Realität.

Kannst du die Sanftheit aller Möglichkeiten empfangen? Oder widersetzt du dich der Sanftheit der Dinge und hast es lieber, wenn dir jemand mit dem Knüppel eins überzieht? Denkst du, du brauchst den Schlag mit dem Holzhammer, um dich zu verändern? Ist das die Intensität, die du brauchst, um zu wissen, dass du wirklich wählst? Der Holzhammer trifft dich auf den Kopf und du sagst: „Ich habe keine Wahl. Ich muss mich ändern!"

Du kannst aus jedem Problem eine Möglichkeit machen, wenn du zulässt, dass alles im Leben mit Leichtigkeit, Freude und Herrlichkeit zu dir kommt.

Aus den exquisiten Momenten des Seins heraus kreieren

Wenn du diese Realität nicht bekämpfen müsstest, von wo aus würdest du kreieren? Du würdest aus den exquisiten Momenten des Seins heraus kreieren. Du würdest aus den exquisiten Wahlen des Seins heraus kreieren. Wenn wir alle exquisiten Momente und Wahlen des Seins wählen würden, würde sich uns eine andere Welt zeigen.

Du hast Hoffnungen und Träume, die du Wünsche nennst, und du neigst dazu, zu glauben, dass, wenn du dir etwas wünschst ... es sich verwirklichen wird. Funktioniert es jedoch so? Das tut es nicht. Das liegt daran, dass ein Wunsch nichts mit Verwirklichung zu tun hat.

Was zu dir kommt, ist das Ergebnis der Wahlen, die du triffst

Was sich für dich verwirklicht, ist nicht das Ergebnis eines Wunsches. Was zu dir kommt, ist das Ergebnis der Wahlen, die du triffst. Wenn du bereit bist, Wahlen zu treffen und das zu tun, was funktioniert – wenn du bereit bist, pragmatisch an die Wahlen heranzugehen, die funktionieren *werden* –, dann wird alles, was du dir wünschst, sich verwirklichen.

Je mehr Menschen wir zu dem Gewahrsein dessen verhelfen können, wozu sie in der Lage sind, desto mehr Möglichkeiten können wir dazu bringen, sich in der Welt zu zeigen. Das ist es, was zählt.

Die meisten von uns schauen sich eher an, was wir brauchen oder was unser Körper tun oder sein soll, anstatt das zu wählen, was für alle Ewigkeit eine sanfte Leichtigkeit kreieren würde. Wir versuchen, Dinge zu erzwingen. Wir kämpfen für das, was wir beschlossen haben zu kreieren. Aber so funktioniert es nicht.

Der Raum der Veränderung ist so wie Schneeflocken an einem Wintertag. Sie fallen ganz ohne Zwang.

Stell dir New York vor, wenn es schneit. Es ist ruhig. Ist New York jemals ruhig? Ja, wenn es schneit und alles zur Ruhe kommt. Du musst dahin kommen, wo alles wie frisch gefallener Schnee ist, wo es ein Gespür von Frieden in deiner gesamten Welt gibt. Wo es keine Notwendigkeit, keine Angst und keine Bedürftigkeit gibt. Dann wird alles möglich.

Die Sanftheit aller Möglichkeiten

Die meisten Menschen haben keine Vorstellung davon, was Sanftheit ist. Nehmen wir einmal Blumen als Beispiel. Vielleicht sagst du: „Blumen sind sanft." Bist du sicher? Schau dir einmal welche an. Sind sie sanft oder sind sie lebhaft? Oder sind sie beides? Sie sind sanft *und* sie haben eine gewisse Lebhaftigkeit. Wenn du so sanft wirst, wie du wirklich bist, gibt es eine Schwingung um dich herum, die alle in deine Realität einlädt. Es ist die Sanftheit der Möglichkeit. Das größte Geschenk, das du bist, ist die Sanftheit der Möglichkeit. Es ist die großartigste Wahl, die du triffst.

Vielleicht bemerkst du eine Intensität, wenn du die Sanftheit der Möglichkeiten bist. Aber sie kommt nicht aus Zwang oder Starre. Sie kommt aus totalem Raum. Bei Möglichkeiten geht es immer um Raum.

In dieser Realität geht es bei der Kreation darum, dass du dich zeigen musst, dass die Menschen dich sehen müssen und dass du eine Intensität haben musst, um gesehen und gehört zu werden. In dieser Realität dreht es sich bei allem um Schlussfolgerungen, Ergebnisse, Vollendung, Bedürftigkeit und Verlangen. Die Menschen glauben, das müsse so sein. Das stimmt aber nicht. Wenn du bereit bist, der unendliche Raum der unendlichen Möglichkeiten zu sein, ist alles sanft und leicht. Es gibt keine Anstrengung mehr.

Welche Energie, welcher Raum und welches Bewusstsein
kannst du sein, um für alle Ewigkeit die Sanftheit der
unendlichen Möglichkeiten zu werden?

❧

15

FRAGEN UND WERKZEUGE, DIE DU ANWENDEN KANNST, UM DIE TÜR DER MÖGLICHKEIT ZU ÖFFNEN

Eine Frage ermächtigt immer. Deshalb gibt das Universum sein Bestes, um dir zu helfen, wenn du eine Frage stellst. Eine Antwort entmachtet. Antworten, Schlussfolgerungen und Bewertungen füllen den Raum aus. Fragen kreieren Raum, und wenn du Raum kreierst, öffnest du die Tür, hinter der sich mehr Möglichkeiten zeigen können. Die Wahl für Raum kreiert Möglichkeit, und das Universum ist für dich da, wenn du Raum begrüßt und feierst.

Eine Frage ist immer der Schlüssel für die Tür zu Möglichkeiten. Du wirst diese Türen niemals sehen, du wirst nie wissen, wo sie sind, geschweige denn in der Lage sein, sie zu öffnen, wenn du keine Frage stellst. Das ist immer die pragmatische Herangehensweise.

Ernsthaftigkeit öffnet die Tür zu Möglichkeiten nicht. Das tun nur Fragen. Was hast du so lebensnotwendig an der Ernsthaftigkeit des Lebens gemacht, was dich davon abhält, die Freude und Leichtigkeit des Lebens zu haben?

Hier sind noch einige weitere Fragen und Werkzeuge von Access, die du anwenden kannst, um die Türen zu Möglichkeiten zu öffnen:

Werkzeug: Was ist sonst noch möglich?

Sagst du häufig: „Das ist unmöglich"?

Was wäre wohl möglich, wenn du nicht sagen würdest: „Das ist unmöglich"?

Eines der besten Werkzeuge, zu entdecken, was möglich ist, ist die Frage: „Was ist sonst noch möglich?" Eine Bekannte von uns nutzte diese Frage, als sie mit ihrem Gepäck am Flughafenschalter stand. Der Mitarbeiter stellte ihre Tasche auf die Waage und sagte: „Ihr Gepäck ist 20 Pfund zu schwer. Ich werde Ihnen das in Rechnung stellen müssen."

Die Dame lächelte und sagte: „Was ist sonst noch möglich?"

Der Mann war verwirrt und sprach mit seinem Vorgesetzten. Der Vorgesetzte ging zu der Dame und sagte: „Es tut mir leid, Ihr Gepäck hat 20 Pfund Übergewicht. Wir müssen Ihnen das berechnen."

Wieder lächelte die Dame und sagte: „Was ist sonst noch möglich?"

Der Vorgesetzte stand einen Moment nur da und schaute erst die Dame und dann ihr Gepäck an. Dann drehte er sich mit einem breiten

Lächeln um, befestigte das Etikett an ihrem Koffer und schickte ihn durch auf das Transportband.

„Was ist sonst noch möglich" ist eine Allzweckfrage, die es dir ermöglicht, dir der Möglichkeiten gewahr zu werden, die du nicht sehen kannst, wenn du eine Ansicht zu einer Sache hast. Stelle diese Frage, wenn sich etwas in deinem Leben zeigt, das dich erfreut, und auch, wenn sich etwas in deinem Leben zeigt, das dich nicht erfreut. Stelle sie, wenn du dich selbst bei einer Bewertung ertappst. Stelle sie, wenn du nicht weißt, was du tun sollst. Stelle sie, wenn du die Tür zu einer neuen Möglichkeit öffnen möchtest.

Anstatt zu bewerten, frage „Was ist sonst noch möglich?"

Als internationales Unternehmen ist Access in vielen verschiedenen Ländern unterwegs und nimmt viele verschiedenen Währungen an. Wenn wir eine Landeswährung akzeptieren, müssen wir 4-6 Prozent bezahlen, um sie in US-Dollar zu wechseln. Wir versuchen, eine Bank zu finden, die unser Bargeld auf unterschiedlichen Konten in Euro, US-Dollar und australischen Dollar führt, bis wir es benötigen, aber es gibt keine Bank, die das macht. Die Banken nehmen das Geld, das wir in ihrem Land verdienen, und rechnen es in US-Dollar um. Wenn wir eine Rechnung in ihrer Landeswährung bezahlen möchten, berechnen sie erneut 4-6 Prozent für die erneute Umrechnung in ihre Währung.

Das erscheint unfair, aber es ist der Preis dafür, wenn man Geschäfte macht. Wenn wir sie als schlechte Banken bewerten, schließen wir die Tür zu anderen Möglichkeiten. Aber wenn wir fragen „Was ist sonst noch möglich?", öffnen wir die Tür zu Möglichkeiten.

Wenn jemand eine psychologische Diagnose erhält, kann er, anstatt in Widerstand und Ablehnung zu gehen, fragen: „Was ist sonst noch möglich?" Vielleicht stellt sich dann heraus, dass die Diagnose eine Auszeichnung für sein Anderssein und seine Exzellenz ist!

Werkzeug: Was ist sonst noch möglich mit Teilen meiner Arbeit?

Als Susanna in der psychischen Gesundheitsvorsorge arbeitete, musste sie neuropsychologische Tests mit Patienten durchführen. Nachdem sie denselben Test wieder und wieder durchgeführt hatte, fing sie an, sich zu langweilen und ihre Arbeit nur noch äußerst ungern zu erledigen. Sie fragte: „Was ist sonst noch möglich mit diesem Teil meiner Arbeit, das ich noch nicht in Betracht gezogen habe?"

Unmittelbar nachdem sie diese Frage gestellt hatte, fand sie eine Möglichkeit, die Tests so einzusetzen, dass sie das Wissen der Menschen verstärkten. Sie zeigte ihnen den Unterschied zwischen Wissen und Denken, indem sie fragte: „Was *wissen* Sie, was die richtige Antwort ist? Und was *denken* Sie, was die richtige Antwort ist?" Die Patienten entdeckten, dass Wissen sich unmittelbar zeigt, während Denken länger dauert und Berechnung und Schlussfolgerung erfordert – und dass es weniger korrekt ist als Wissen. All das entstand aus einer Frage: „Was ist sonst noch möglich?"

Werkzeug: Wie wird es noch besser?

Wenn du eine Situation hast, die nicht gut für dich funktioniert, definierst du sie als schwierig oder katastrophal? Was macht das energetisch? Es verfestigt die Situation in ein Problem und erhält das Falschsein aufrecht. Was, wenn du fragen würdest: „Wie wird es noch besser?"

Susanna war einmal auf einem Fortgeschrittenen-Körperkurs von Gary. Während sie einen Körperprozess bekam, saßen neben ihr ein paar Leute, die recht laut waren. Susanna ging nicht in Schlussfolgerung, Bewertung oder Antworten. Sie hatte noch nicht einmal eine Ansicht über den Lärm, den diese Menschen verursachten. Sie versuchte nicht, die lauten Menschen aus dem Raum zu bitten oder sie energetisch wegzustoßen. Sie fragte einfach nur: „Wie wird es noch besser? Was ist hier sonst noch möglich?" Plötzlich sagte eine dieser Personen: „Ich kann Gary von hier aus nicht gut hören. Lasst uns woanders hingehen."

Häufig versuchen wir, verstandesmäßig zu begreifen, *wie* etwas besser wird. Es geht aber nicht wirklich darum, das *Wie* zu verstehen. Es geht darum, die Frage zu stellen: „Wie wird es noch besser?" Sie lädt die Leichtigkeit ein, von der du nicht glaubst, dass du sie haben kannst.

Immer, wenn du in einer Situation feststeckst, frage: „Wie wird es noch besser?" Sei bereit, das so oft zu fragen, wie es erforderlich ist. Während ihrer Arbeit mit Patienten stellt Susanna diese Frage regelmäßig. Manchmal sagt entweder Susanna oder der Klient mitten in einer scheinbar hoffnungslosen Sitzung etwas, das Licht ins Dunkel bringt.

Werkzeug: Versetze dich in den Gedanken hinein

Eines Tages kam eine attraktive Frau zu einem Access-Kurs, den Dr. Dain Heer und Gary gaben. Dain fand sie schön und ganz wunderbar und konnte nicht aufhören, von ihr zu sprechen. Gary sagte: „Ich denke, du solltest dir vorstellen, diese Frau und ihre beiden Kinder in dein Leben zu lassen." Er brachte Dain dazu, sich auszumalen, wie es wäre, mit ihr und ihren Kindern zusammenzuleben.

Nachdem er dies drei Tage lang gemacht hatte, sagte Dain: „Weißt du was? Ich bin nicht mehr an ihr interessiert."

Versuche es einmal. Versetze dich in das hinein, von dem du denkst, dass du es gerne hättest und dass du es nicht haben kannst, und schaue dir an, wie dein Leben wäre, wenn du es wählen würdest.

Verwende dieses Werkzeug, wenn du jemandem kennenlernst und glaubst, du möchtest gerne mit dieser Person zusammenleben. Stelle dir vor, wie es wäre, mit der gesamten Familie dieser Person verheiratet zu sein. Schaue dir jedes einzelne Familienmitglied an. Wenn du dich in diese Situation hineinversetzt, stehen die Chancen sehr gut, dass du wegläufst, so schnell dich deine Füße tragen.

Im Vorfeld verstehen zu wollen, was du tun solltest, wird dich auf kürzestem Weg in den Wahnsinn treiben. Hast du schon einmal Pro- und Kontra-Listen gemacht? Hat es Spaß gemacht? Sich in den Gedanken hineinzuversetzen ist so viel einfacher. Anstatt zu versuchen, es richtig zu machen, versetze dich in das hinein, was die jeweilige Wahl als deine Zukunft kreieren würde. Es wird sich in sehr kurzer Zeit zeigen, was für dich funktioniert und was nicht.

Werkzeug: Anerkennen, was ist

Gary war einmal mit einem Mietwagen in Schottland unterwegs. Seiner Ansicht nach fuhr er auf der falschen Straßenseite, da er ja normalerweise in Amerika Auto fuhr. Als er an einen Kreisverkehr kam, setzte sein Verstand aus. Er war nicht in der Lage zu sehen, in welche Richtung er fahren und auf welcher Straßenseite er sein sollte. Er sagte: „Ich hasse Schottland", und plötzlich funktionierte sein Gehirn wieder.

Darin liegt die Macht dessen, anzuerkennen, was ist. Wenn du jemanden umbringen möchtest, erkenne an, dass du ihn umbringen möchtest. Sage: „Ich möchte dieses _____ am liebsten umbringen!" Und plötzlich bist du darüber hinweg. Es ist erstaunlich, wie viel besser du dich fühlst. Dein Körper entspannt sich. Deine Einstellung ändert sich.

Die meisten Eltern lieben ihre Kinder nicht rund um die Uhr, und sie halten das meistens für schrecklich. Aber was wäre, wenn du in jedem Moment anerkennst, was wahr für dich ist? Es ist nur ein Moment. Susanna arbeitete mit einer Mutter, die zugab, dass es Momente gab, in denen sie wünschte, sie hätte keine Kinder. Es fiel ihr schwer, das zuzugeben. Sie hatte so viel Wut unterdrückt, dass fast jede Begegnung mit ihren Kindern eine Zeitbombe war, die jeden Moment losgehen konnte. An dem Tag, als sie einfach anerkannte, was wahr für sie war, nämlich, dass sie sich manchmal wünschte, sie hätte keine Kinder, veränderte sich ihre Beziehung zu ihren Kindern, und sie konnte sehen, wie sehr sie sie wertschätzte.

Werkzeug: Was müsste ich anders tun oder sein, das hier eine andere Möglichkeit kreieren würde?

Einmal sagte uns eine Kursteilnehmerin: „Mir ist neulich aufgefallen, dass die Leute etwas ganz anderes hören, als ich ihnen sage."

„Das war schon immer so", antwortete Gary. „Du hast es nur noch nicht bemerkt. Wenn du denkst, die Menschen verstehen, was du sagst, wenn du sprichst, bist du verrückt. Die Menschen hören nicht, was du sagst. Sie hören, was sie hören möchten."

Die Frau sagte: „Ja, aber ich habe mein ganzes Leben lang darauf geachtet, Worte zu benutzen, die genau das bedeuten, was ich sagen möchte, denn ich möchte verstanden werden. Ich versuche immer, klar und deutlich zu sein, wenn ich zu den Leuten spreche."

Gary fragte sie: „Warum sprichst du *zu* den Leuten anstatt *mit* den Leuten? Ich spreche nicht zu den Menschen, ich spreche mit ihnen. Wir sind in einem Kurs, und ich spreche *mit* dir, oder? Ich folge dem, was du hörst, so wie du es hörst. Ich folge nicht dem, von dem ich möchte, dass du es von mir hörst. Du erkennst das Gewahrsein dessen nicht an, dass das, was du den Leuten sagst, von ihnen ausgelegt wird."

Die Freude des Gewahrseins ist, wenn du erkennst: „Oh, das, was ich sage, wird von dieser Person so ausgelegt." Du kannst die Freude des Gewahrseins feiern, dass das, was du sagst, ausgelegt wird.

Dann fragst du:

- Wie kann ich dies zu meinem Vorteil nutzen?
- Was ist damit möglich?
- Was müsste ich anders tun oder sein, das hier eine andere Möglichkeit kreieren würde?

Vielleicht musst du ihnen eine Geschichte erzählen. Vielleicht musst du schweigen. Schweigen ist eine großartige Technik, denn wenn du schweigst, denken die Menschen, sie müssten den Raum füllen. Sie haben die Ansicht, Schweigen sei ein Raum, den man füllt, und nichts, was man genießt. Wenn du also still bist, füllen sie den Raum, und du bekommst Informationen darüber, was für sie wahr ist. Du bekommst Informationen darüber, was sie *nicht* hören, denn es wird ihnen buchstäblich aus dem Mund fallen.

Und was wäre, wenn du nicht die Ansicht hättest, die Menschen müssten dich hören? Was, wenn du bereits wüsstest, dass sie dich *nicht* hören? Was, wenn du die Ansicht hättest, dass *du* hören musst, was *sie* gehört haben? Was, wenn du nur an dem interessiert wärst, was sie gehört haben?

Wenn du mit Menschen arbeitest und sie dich nicht hören, frage: „Was müsste ich anders sein oder tun, das hier eine andere Möglichkeit kreieren würde?" Sei dir dessen gewahr, dass die Menschen nur das hören können, was zu ihren Ansichten und Bewertungen passt. Es geht nicht darum, was du gerne möchtest, das sie hören, sondern was sie *wählen* zu hören. Und es geht um Erlaubnis.

Werkzeug: Welches Gewahrsein kann ich hier haben, das all das auslöschen würde?

Einige Menschen glauben, es gehe bei Fragen darum, sich etwas anzuschauen und zu sagen: „Oh da habe ich das getan", und es dann loszulassen. Sie sagen: „Ich mache diesen einen Schritt."

Das ist nett, aber wie wäre es mit der Frage „Welches Gewahrsein kann ich hier haben, das all das auslöschen würde?" Diese Frage dreht sich um das Licht des Gewahrseins. Sie ist eine Abkürzung. Du hast gerade die Tür geöffnet. Jetzt hast du die Wahl. Was möchtest du wählen? Wir drängen dich nicht. Wir laden dich ein, eine Wahl zu treffen.

Menschen zur Veränderung zu drängen, *funktioniert überhaupt nicht*. Wenn du möchtest, dass Menschen sich ändern, werden sie sich mit aller Macht dagegen wehren und genau so bleiben, wie und wo sie sind. Wenn du ihnen aber sagst: „Nee, verändere dich nicht. Es ist okay. Du bist super, so wie du bist", dann werden sie sagen: „Nein, ich verändere mich!" So sind Humanoide nun einmal.

Möchtest du diese Strategie noch einen Schritt weiterführen und ein bisschen Spaß haben? Wenn dir jemand von all seinen Problemen erzählt, sag: „Das klingt furchtbar! Du Armer! Wie kommst du damit nur zurecht?" Prompt wird er sagen: „Ach, so schlimm ist es gar nicht." Du hast ihn aus seiner Begrenzung heraus manipuliert, indem du ihn aufgefordert hast, gewahrer zu sein. So einfach! Die Frage löscht den Irrsinn deines Gegenübers und deine Reaktion darauf aus.

Werkzeug: Was ist hier relevant?

Dieses Werkzeug kannst du nutzen, wenn du zu viele Informationen erhältst. Nehmen wir einmal an, du möchtest einen neuen Waschtisch in deinem Badezimmer installieren. Du gehst online und suchst „Waschtische". Du bekommst viel zu viele Informationen. Was würde passieren, wenn du auf jeden Link, der dir angeboten wird, klicken würdest? Du würdest verrückt werden.

So ist es auch mit dem Gewahrsein. Vielleicht sagst du: „Ich würde gerne mehr über dies und das und jenes wissen", und plötzlich stehen dir so viele Informationen zur Verfügung. Stell dir vor, du würdest sie alle relevant machen. Stell dir vor, du würdest sagen: „Ich muss mit all diesen Informationen etwas anfangen!"

Wenn du gewahr bist und alles empfängst, wirst du sehr viele Informationen erhalten. Einige davon sind relevant, andere nicht. Du musst wählen, was für dich relevant ist.

Wenn du in einem Raum voller Menschen bist und hinten im Raum wird geflüstert und 10.000 Dinge laufen gleichzeitig ab, frage: „Welcher Teil davon ist relevant für mein Leben?", und du wirst das hören, was du hören musst. Einige Menschen versuchen, Informationen zu filtern, aber das musst du nicht tun. Du musst auch nichts kategorisieren. Frage einfach nur:

- Was ist hier relevant?

- Was ist die eine relevante Sache hier, mit der ich etwas anfangen könnte?
- Welcher Teil davon ist relevant für mein Leben?

Die Ansicht der Psychologie ist, man müsse ein selektives Gehör haben, um wählen zu können, aber wenn du diese Fragen stellst und bereit bist, gewahr zu sein, wird dein Gewahrsein automatisch die Informationen auswählen, die du dir wünschst. Es geht nicht um Fokussierung. Die wichtigste Sache wird plötzlich herausstechen und du wirst wissen, dass der Rest irrelevant ist. Es ist absolut keine Anstrengung oder Arbeit erforderlich. Es ist einfach nur: „Da ist es! Weiter!" Du erhältst die Informationen, die du benötigst. Du weißt noch nicht einmal, woher sie kamen und wie sie dorthin gelangten.

Susanna hatte einmal ein Date mit einem Typen, der sich gut mit Politik auskannte. „Er war echt schlau. Ich habe nicht Politik studiert und hatte die Ansicht, dass ich keine Ahnung von diesem Thema hatte. Plötzlich merkte ich, was ich tat und dachte ‚Ups! Interessante Ansicht.' Dann habe ich mich gefragt: ‚Also, was weiß ich über Politik?' Ich öffnete meinen Mund, und es kamen einfach so alle möglichen schlauen Sachen heraus. Wenn du nach dem fragst, was relevant ist, dann wird sich das, was relevant ist, dir zeigen. Das ist Wissen. Es ist keine Anstrengung erforderlich."

Wenn du nach dem fragst, was relevant für dein Leben ist, wirst du ein Gewahrsein einer Zukunft haben, von der du nicht einmal wusstest, dass sie existieren könnte. Wenn du nach dem fragst, was relevant ist, wirst du diese Informationen bekommen, auch wenn du sie jetzt nicht brauchst. Du wirst in jedem Moment eines jeden Tages Informationen über das erhalten, was jetzt und in Zukunft relevant ist – wenn du bereit bist, diese Intensität des Gewahrseins zu haben.

Gib niemals auf, gib niemals nach, hör niemals auf

In der pragmatischen Psychologie geht es darum, niemals aufzugeben, niemals nachzugeben und niemals aufzuhören, egal, was die anderen sagen oder tun. Du musst die Bereitschaft haben, hier zu sein und zu wissen, dass du weißt. Erkennst du, wie wunderbar du bist, weil du bereit bist, zu wissen, dass du weißt?

- Welcher Anführer bist du, was du noch nicht anerkannt hast?
- Wozu bist du in der Lage, was andere Menschen sich noch nicht einmal vorstellen können?

Du musst auf Grundlage der Tatsache handeln,
dass du immer eine Wahl hast.
Du sagst: „Ich habe eine Wahl.
Was würde ich gerne wählen?"
Wenn du erkennst, dass du immer eine
Wahl hast, kannst du alles wählen.

❧